Saúde, cuidado e uma dose de ousadia

CB056998

COLEÇÃO
CAMINHOS
HISTÓRIAS
LEGADOS

Dados Internacionais de Catalogação na Publicação (CIP)
(Jeane Passos de Souza – CRB 8ª/6189)

Ribeiro, João Paulo Nogueira
Saúde, cuidado e uma dose de ousadia / João Paulo Nogueira Ribeiro. – São Paulo: Editora Senac São Paulo, 2019. (Coleção Caminhos, Histórias e Legados)

ISBN 978-85-396-3000-4 (impresso/2019)
e-ISBN 978-85-396-3001-1 (ePub/2019)
e-ISBN 978-85-396-3002-8 (PDF/2019)

1. Gestão de carreiras 2. Carreiras : Sucesso nos negócios 3. Profissionais do mercado – Conduta : Realização pessoal 4. Conduta de vida : Histórias inspiradoras : Biografia 5. Gestão de negócios: Profissionais do mercado I. Título. II. Coleção

19-1029t CDD – 158
650.14
658.42092
BISAC BIO000000
SEL027000
BUS012000

Índices para catálogo sistemático:
1. Gestão de carreiras 650.14
2. Conduta de vida : Histórias inspiradoras 158
3. Biografia : Histórias inspiradoras : Profissionais do mercado 658.42092
4. Gestão de negócios : Profissionais do mercado : Biografia 658.42092

Saúde, cuidado e uma dose de ousadia

JOÃO PAULO NOGUEIRA RIBEIRO

Editora Senac São Paulo – São Paulo – 2019

ADMINISTRAÇÃO REGIONAL DO SENAC NO ESTADO DE SÃO PAULO
Presidente do Conselho Regional: Abram Szajman
Diretor do Departamento Regional: Luiz Francisco de A. Salgado
Superintendente Universitário e de Desenvolvimento: Luiz Carlos Dourado

EDITORA SENAC SÃO PAULO
Conselho Editorial: Luiz Francisco de A. Salgado
Luiz Carlos Dourado
Darcio Sayad Maia
Lucila Mara Sbrana Sciotti
Jeane Passos de Souza

Gerente/Publisher: Jeane Passos de Souza (jpassos@sp.senac.br)
Coordenação Editorial/Prospecção: Luís Américo Tousi Botelho (luis.tbotelho@sp.senac.br)
Márcia Cavalheiro Rodrigues de Almeida (mcavalhe@sp.senac.br)
Administrativo: João Almeida Santos (joao.santos@sp.senac.br)
Comercial: Marcos Telmo da Costa (mtcosta@sp.senac.br)

Edição de Texto: Ana Maria Fiorini
Coordenação de Revisão de Texto: Luiza Elena Luchini
Revisão de Texto: Karen Daikuzono
Capa e *Projeto Gráfico*: Fernando Velázquez
Editoração Eletrônica: Marcio S. Barreto
Impressão e Acabamento: A. S. Pereira Gráfica e Editora Eireli

Proibida a reprodução sem autorização expressa.
Todos os direitos reservados à

EDITORA SENAC SÃO PAULO
Rua 24 de Maio, 208 – 3º andar – Centro – CEP 01041-000
Caixa Postal 1120 – CEP 01032-970 – São Paulo – SP
Tel. (11) 2187-4450 – Fax (11) 2187-4486
E-mail: editora@sp.senac.br
Home page: www.livrariasenac.com.br

© Editora Senac São Paulo, 2019

NOTA DO EDITOR

Toda trajetória de vida conta com boas doses de curvas e desvios tanto no campo pessoal como no profissional. Em um mundo em constante transformação, é cada vez mais necessário não se deixar abater, saber tirar proveito das dificuldades e se reinventar como pessoa e como profissional.

A Coleção Caminhos, Histórias e Legados traz narrativas de pessoas que foram escolhidas pela capacidade que tiveram de se manter em equilíbrio, com foco nos propósitos e sustentadas em valores. Por meio de sua trajetória, confirmam um legado que compartilham agora.

Neste volume, o médico João Paulo Nogueira Ribeiro, fundador do Instituto Horas da Vida, divide com o leitor as curvas e os desvios que encontrou em sua trajetória de vida e fala sobre a resiliência que precisou cultivar para superá-los. A morte precoce do pai foi uma grande perda, mas influenciou sua visão sobre a medicina e toda a sua prática profissional. E, embora esses acontecimentos inesperados às vezes pareçam prejudiciais, eles podem ser grandes janelas abertas para outras possibilidades. João nos mostra a importância do otimismo e da autoconfiança na busca por uma vida que faça sentido – e também por um mundo melhor. Claro que a sorte sempre ajuda, mas fé e resiliência são fundamentais.

Saúde, cuidado e uma dose de ousadia é uma publicação da Editora Senac São Paulo especialmente dedicada às pessoas que buscam inspiração, pensam e repensam sobre sua vocação, sua carreira e seu jeito de estar no mundo.

AGRADECIMENTOS

Meu agradecimento especial ao meu pai João (*in memoriam*) por todo carinho e disciplina em minha formação.

À minha mãe Dorotéia pelo amor e exemplo de resiliência.

À minha irmã Aline por todo apoio, especialmente nos momentos mais difíceis que passamos juntos.

À minha esposa Joana pelo amor, companheirismo e por meus maiores presentes: nossos filhos Antonio e Joaquim, que despertam o meu melhor a cada dia.

Eu poderia escrever um texto bem maior do que este livro somente para agradecer a cada um que fez parte da minha história. Cada um à sua maneira e no seu momento. Muito obrigado a todos!

A GEOMETRIA DA VIDA

Numa quinta-feira de 2018 em meu consultório, após atender o último paciente do dia, parei para dar uma olhada na caixa de e-mails e lá estava ele: o convite para escrever este livro. Logo de cara achei que pudesse ser um engano, ou mesmo, quem sabe, uma pegadinha. Não que eu não valorize – ou melhor, reconheça – meu trabalho. É que vou fazendo as coisas porque acredito muito nelas, e não em busca de algum tipo de prestígio ou reconhecimento.

Respondi ao e-mail e logo marquei uma conversa com a editora. Bateu uma ansiedade antes do encontro, pelo inusitado da situação. Eu nunca tinha passado por nada semelhante, nunca tinha imaginado escrever um livro. Conversamos no meu escritório, e, entre alguns cafezinhos, a editora me explicou um pouco sobre a nova coleção, que tem como objetivo fazer uma reflexão sobre diferentes caminhos de vida. A proposta ficou mais clara, e aceitei o desafio.

Ela me explicou que o projeto só precisava de uma aprovação do Conselho Editorial para seguir adiante. E então eu, que no começo tinha achado que aquilo era um engano, comecei a gostar da ideia e vivi um mês de certo suspense até o OK final.

É pretensioso dizer que sou algum tipo de exemplo, e certamente não foi com esse espírito que topei contar minha história. Aceitei porque me vi convencido de que alguns pontos do meu caminho podiam, com alguma sorte, ajudar nas reflexões de outras pessoas em busca de seus próprios caminhos.

Acho que a vida é uma péssima aluna de geometria: ela quase nunca obedece à regra de que a menor distância entre dois pontos é uma linha reta. Curvas e desvios não têm faltado na minha vida, mas, somados, construíram – ou, melhor, estão construindo – a minha história e a de muita gente, assim como a história do mundo em que vivemos.

Se é verdade que eventos de grande magnitude, como mudar de cidade, passar no vestibular ou perder pessoas queridas, impactam nossas vidas e modificam nossos caminhos, não é menos verdade que eventos mais cotidianos, até banais, possam ter esse mesmo efeito. Um dia você falta no trabalho porque está com alergia e, pronto, sua vida nunca mais é a mesma. Destino? Livre-arbítrio?

Desde pequeno, a solidariedade sempre foi um valor importante para mim, provavelmente o que embasou minha escolha profissional e as decisões mais importantes da minha carreira. É, sim, importante ter as linhas gerais do que queremos fazer, aonde queremos chegar. Mas os pormenores... esses não estão só em nossas mãos. Existe um ditado que diz que "o homem faz planos e Deus dá risada". Eu não poderia concordar mais.

Revisitando minha trajetória, quatro coisas ficam claras: primeiro, que tive o privilégio de encontrar ótimas pessoas durante minha formação. Boas influências na minha própria família, nas escolas pelas quais passei, na minha vida profissional. Foram grandes exemplos de solidariedade, conduta, trabalho. A segunda coisa é que, em alguns momentos da minha vida, a "próxima jogada" foi pura obra do acaso – algo do tipo "estar no lugar certo, na hora certa, com a pessoa certa" – mesmo quando uma dessas três variáveis acabou se mostrando só "meio certa" algum tempo depois. A terceira é a importância de não se acomodar. Quando começamos a achar que algo não está bom, não parece certo, poderia ser melhor, não está muito confortável, ou qualquer que seja a sensação de incômodo, é hora de tomar uma atitude.

E a quarta coisa? É a resiliência. Essa palavrinha derivada da física e que andou tão na moda nos últimos tempos quer dizer, segundo o *Dicionário Houaiss*, a "propriedade que alguns corpos apresentam de retornar à forma original após terem sido submetidos a uma deformação elástica", mais ou menos como uma mola que, depois de comprimida e liberada, consegue recobrar a forma que tinha antes. Por analogia, chamamos de "resilientes" as pessoas capazes de "se recobrar facilmente ou se adaptar à má sorte ou às mudanças" (ainda segundo o *Houaiss*). Pois bem. Nesta vida, todos nós vamos sofrer alguns baques que vão nos derrubar. Não há escapatória.

Pode ser a morte de uma pessoa querida, pode ser não passar no vestibular, perder o emprego ou não conseguir alguma coisa que queremos muito. A questão não é não cair: é sempre se levantar. Não importa quantas vezes.

CAPÍTULO 1

~~DO LADO DE CÁ DA SERRA~~

De vez em quando, olhando para trás, até parece que foi simples. Mas não foi bem assim.

Nasci em 3 de julho de 1974 em Campos Gerais, uma cidade bem pequena, com cerca de 30 mil habitantes, no sul de Minas Gerais (a 300 km de Belo Horizonte e 380 km de São Paulo), numa noite fria de inverno. Como conta minha mãe, nesse dia o Brasil perdeu para a Holanda por 2 a 0 pela Copa do Mundo da Alemanha.[1]

Sempre ouvi que fui um filho muito esperado. E, de fato, tenho a lembrança de ter recebido mesmo muito carinho e amor – talvez até muitos mimos também, tanto eu quanto a Aline, minha irmã, dois anos e meio mais nova. Aline era minha companheira de montar Lego e quebra-cabeças. Quando criança, ela usava sete pulseiras no braço esquerdo. Lembro dela pequena, aprendendo a andar, e de ajudá-la a se levantar quando caía. Apesar da minha boa vontade, de cuidar dela e de protegê-la, ela era um tanto brava e de vez em quando me dava uns puxões de cabelo. Eu fui ensinado que, por ser mais velho, não podia revidar à altura, então dormia com o prejuízo, mas mesmo assim sentia por ela muito amor e carinho. Coisa de irmão, né?

---

1 O Brasil, que defendia o título de campeão depois do triunfo de 1970, no México, chegou à Copa de 1974 um tanto modorrento, por não contar mais com Pelé (que não quis jogar), Gérson, Carlos Alberto Torres, Tostão e Clodoaldo, os heróis de 1970. Foi só na bacia das almas que conseguiu passar da primeira fase. Na etapa seguinte, venceu a Alemanha Oriental e a Argentina, mas tropeçou diante da Holanda e acabou perdendo a disputa do terceiro lugar para a Polônia, terminando com a quarta colocação.
Já a seleção holandesa que jogou a Copa do Mundo de 1974 era conhecida como "Laranja Mecânica", ou "Carrossel Holandês", graças ao seu notável poder ofensivo. Contava com o grande Johan Cruyff, considerado por muitos o melhor jogador europeu de todos os tempos. Mesmo assim, a Holanda acabou perdendo a final para os donos da casa (a Alemanha Ocidental, que tinha ninguém menos que Franz Beckenbauer) e foi vice-campeã – o primeiro dos três vice-campeonatos da Holanda, que parece destinada a ser eternamente vice... O prêmio de consolação foi Cruyff ter sido escolhido o melhor jogador do torneio.

Meu pai, João, era um homem metódico, enérgico e muito trabalhador. Era um contador respeitado na cidade por seus clientes, amigos e conhecidos. Na verdade, por quase todos, pois quase todo mundo se conhece numa cidade de 30 mil habitantes. Além da contabilidade, ele tinha uma fazenda onde produzia café e leite. Era o filho mais velho de uma família de onze filhos, e eu o primeiro neto da família dele.

Minha mãe, Dorotéia, é a filha do meio de uma família de três filhas e neta de um imigrante italiano. Sempre foi calma e muito habilidosa, daquelas mineiras que gostam de uma conversa e de contar "causos". Era professora, mas já não dava mais aulas quando nasci; ficava em casa cuidando da Aline e de mim. Ela nos deixava brincar com o que quiséssemos, podíamos fazer cabaninhas e usar as coisas da casa em nossas brincadeiras, e ela não nos desencorajava. Sem a preocupação de não bagunçar a casa, nossa imaginação corria solta. Tínhamos limites, sim, mas nunca impostos na base da palmada.

Não cheguei a conhecer os pais da minha mãe. Na verdade, só conheci minha avó paterna, dona Augusta. Meus avós maternos, assim como meu avô paterno, faleceram antes de eu nascer. Minha relação com minha única avó foi de muita ternura. Lembro-me de vê-la cozinhar, quando eu tinha 3 ou 4 anos, no fogão a lenha. Ela colocava grãos de feijão cozidos enfileirados e eu ia comendo um a um com a mão, temperando só com um pouquinho de sal. Passei um bom tempo com ela na cozinha, ela cozinhando e me contando histórias e eu comendo e escutando os "causos" dela.

Apesar de não ter estudado muito, ela tinha uma experiência de vida muito grande. Ficou viúva cedo, quando o último dos onze filhos ainda não sabia andar. Mesmo assim, conseguiu criar todos eles com muito amor e dedicação. Ela participou integralmente da minha formação e foi uma das pessoas que me ensinaram o que é resiliência, uma característica que moldou minha trajetória. Hoje, tem 96 anos.

Já perdeu muitas pessoas queridas, mas sempre permaneceu forte. Apesar de ter tido um pequeno AVC alguns anos atrás, ela está muito bem. É minha relações públicas em Campos Gerais: toda vez que eu saio em alguma matéria, ela me liga toda orgulhosa dizendo que viu a matéria e contou para a família. Ela tem também uma característica que admiro muito: a atenção – não se esquece de ninguém e se interessa pelo que as pessoas falam.

Com 5 ou 6 anos, passei alguns dias na casa dela quando minha tia, a irmã mais velha da minha mãe, teve trombose e precisou ser tratada em Belo Horizonte. Nessa ocasião, vi a família toda organizada e se revezando para cuidar da minha tia. Infelizmente, ela perdeu a perna. Durante esse tempo que passei com minha avó, lembro-me da união e do comprometimento de todos os tios para que nada faltasse para ninguém. Quem já trabalhava ajudava quem ainda estava estudando. Acho que foi a primeira vez que entendi na prática o que era solidariedade, antes mesmo de ouvir a palavra "solidariedade".

Tirando essa curta temporada na casa de minha avó, meus pais sempre cuidaram da nossa educação, da Aline e minha, pessoalmente. Foram muito presentes na nossa infância, o que reconheço e considero uma grande herança, até mesmo um presente. Não me lembro de ter apanhado, recebíamos no máximo castigos. Como quando comprei uma cachorra fingindo que ela era um cachorro. Foi assim: eu tinha um tio que morava em Poços de Caldas, a aproximadamente 150 km de Campos Gerais. Numa visita a ele, passamos pela praça e eu vi um *pet shop* com cachorrinhos na vitrine. Imediatamente comecei a atormentar meus pais, porque, aos 7 ou 8 anos, queria de qualquer jeito um cachorro. Meu pai disse: "João, você pode comprar o cachorro se for macho. Se for fêmea não, entendeu?".

Colocou o dinheiro na minha mão, e eu saí correndo rumo ao *pet shop*. Chegando lá, decepção: todos os filhotes eram fêmeas! Não aguentei e comprei mesmo assim. Nos dias seguintes, eu não deixava ninguém chegar perto do "cachorro" – batizado(a) de Rex, que quer dizer "rei" em latim! – por medo de que descobrissem meu segredinho.

E como mentira tem perna curta, não demorou para isso acontecer.

Resultado: um tempão de castigo. Tinha de ir da escola direto para casa e de casa direto para a escola. Lembro-me de ver meus amigos brincando na praça, na frente da minha casa, e eu não poder me juntar a eles. Até hoje, quando conto essa história, sinto um misto de saudades "da Rex" e peso na consciência por não ter honrado a confiança dos meus pais. Depois de um tempo, a Rex foi para a fazenda e eu aprendi minha lição.

Então, apesar de nunca terem batido na Aline e em mim, nossos pais foram firmes na nossa educação. Nesse caso específico, aprendi muito bem que "os fins não justificam os meios". Mesmo assim, não lembro de ter recebido muitos castigos. O mais comum eram broncas e correções, dadas com muito amor e equilíbrio, sem exageros, e que me colocaram na rota para a construção dos meus valores.

O fato é que tive uma infância comum para uma cidade pequena, mas de fazer inveja para quem vive numa metrópole nos dias de hoje. Tinha liberdade de brincar na rua, era bem recebido pelos vizinhos e quase todo mundo me conhecia. Era assim em Campos Gerais: todos cuidavam dos filhos de todos, todos chamavam a atenção das crianças, fossem elas filhas de quem fosse.

Depois de parar de dar aulas, com o meu nascimento, minha mãe passou a fazer bordado. Bordava toalhas de mesa, de banho, etc. Quando a encomenda era grande demais e ela sabia que não daria conta, repassava o trabalho para outras pessoas, bordadeiras que vinham até nossa casa pegar o material para depois devolvê-lo pronto. Mas aquelas "reuniões de trabalho" pareciam mais sessões de *coaching* emocional, sessões de terapia. Minha mãe arrumava a mesa da cozinha, fazia chá e servia umas bolachinhas amanteigadas deliciosas. Eu voltava da escola e encontrava minha mãe e as bordadeiras conversando. "D. Dorotéia, a senhora que já tem filhos maiores, como a senhora fazia quando...", e narravam a situação para a qual precisavam de conselho.

A sensação que nós, como crianças, tínhamos era de segurança, de não estarmos sozinhos, de ter um vínculo profundo com a vida e com as pessoas responsáveis por nós. Cresci com aquilo que parece estar em falta atualmente: o olhar e a atenção com o outro.

Se eu fosse me definir em uma palavra quando criança (e acho que até hoje), essa palavra seria "curioso". Eu adorava desmontar equipamentos para vê-los por dentro, e sempre que alguém de fora de Campos Gerais nos visitava, eu ficava por perto para ouvir o que a pessoa tinha para contar do mundo além da nossa cidade.

Com uns 9 ou 10 anos, bolei um plano maluco para construir um carro de rolimã, mas com uma estrutura de latas de óleo. Todos os dias, na volta da escola, passava na casa da minha avó e de alguns amigos recolhendo as latas que eles guardavam para mim. Dava um trabalhão abrir todas elas, desamassá-las e esperar a tarde de sábado para levá-las a uma oficina mecânica, que então as unia para mim com solda elétrica. Não chegava a ser perigoso porque eu só abria a parte de cima com o abridor de latas. Abrir a lateral ficava a cargo dos funcionários da oficina. Logo que eu ia chegando na oficina com meu saco de latas, o senhor Bibi ia me receber. "Bibi" como a buzina dos automóveis. O apelido ficava mais engraçado ainda considerando que o senhor Bibi era um homem alto e barrigudo. Usava um grande macacão cinza, sempre sujo de óleo, e antes de me cumprimentar limpava a mão no solvente.

Imagina a paciência do senhor Bibi para ajudar um moleque durante meses a abrir latas e soldá-las. Mas eu tinha tanta convicção que consegui o apoio incondicional dele e dos meus pais, que permitiram que eu seguisse com meu projeto (ou melhor, com meu devaneio). Tinha desenhado tudo nos mínimos detalhes no meu "caderninho de projetos" e até que fui longe: consegui chegar ao ponto de montar a base de madeira, montar os eixos com as rodinhas de rolimã e até mesmo fixar uma alavanca numa das laterais, que funcionava como freio. Foi só quando chegou a fase de colocar a estrutura de latas que a coisa desandou. Não deu certo, porque obviamente a estrutura do carrinho ficou pesada demais. Afinal, o papel aceita tudo, mas na hora do vamos ver na prática é bem diferente.

Numa tentativa de saciar minha sede por informações, meus pais assinavam para mim um almanaque infantil chamado *Nosso amiguinho*. Tinha histórias, desenhos para colorir, exercícios, instruções de origâmi. Tinha algumas histórias que alimentavam minha imaginação. Para os meus olhos curiosos, aquilo parecia incrível. Em tempos anteriores à internet, eu me deliciava com as matérias e as historinhas que ele trazia, e também com os jogos. Meus amigos também assinavam, e nós nos juntávamos para fazer as atividades e conversar sobre o conteúdo da revista.

Fui crescendo, e minha curiosidade crescia comigo, mas bem mais rapidamente. Eu me interessava por muitos e diferentes temas. Meus amigos – Mateus, Marcelo, Maurício e (Geraldo) Júnior – e eu, com uns 9 ou 10 anos, gostávamos de colecionar adesivos e colar na janela do quarto (na década de 1980, isso era uma febre). Cada um de nós colava seus adesivos na sua própria janela, mas, um dia, tive uma ideia brilhante: "Ia ser o máximo ter adesivos de outros países para colar na janela".

E como uma ideia brilhante puxa outra, não demorou para bolarmos um jeito de conseguir esses cobiçados adesivos internacionais. Bolamos uma cartinha-padrão, que enviaríamos às embaixadas informando que tínhamos nos interessado pela cultura do país etc. etc., e que queríamos receber materiais que eles estivessem dispostos a nos mandar – como selos, moedas, adesivos... Todos nós copiávamos essa cartinha várias vezes. Colocávamos em envelopes e íamos juntos à agência dos Correios mandar nossos pedidos para as embaixadas em Brasília.

Na agência, o balcão era alto e nossas cabeças nem alcançavam o topo. Pedíamos para o Maurício, o funcionário, o livro de CEPs e abríamos bem no final, onde ficavam os endereços das embaixadas. O processo todo era muito divertido, mas a parte mais bacana, claro, era receber os pacotões em casa. Me lembro como se fosse hoje de ficar esperando o carteiro chegar. Era uma emoção receber aqueles grandes envelopes em meu nome, da embaixada da China, da Rússia, do Japão e de tantas outras. Aquilo fazia meu coração disparar. Eu me sentia importante, e confesso que até hoje gosto de receber pacotes e envelopes pelo correio. Essa foi uma iniciativa que rendeu muito mais do que adesivos. Recebíamos também selos, jornais, cartas. Quem cresceu com a internet ao alcance dos dedos talvez precise se esforçar um pouco para entender o impacto disso na vida de um menino de 10 anos do interior de Minas Gerais na década de 1980. Era a primeira vez que eu tinha contato com tantas outras línguas, outros alfabetos, outras culturas, paisagens, realidades. Muito sedutor.

Aos 12 anos, comecei a ajudar meu pai no escritório com alguns serviços de *office boy*. Nada muito emocionante: ir ao banco, ao correio, etc. Mas nessa época meu pai tinha um assistente, bem mais velho que eu, que fazia curso por correspondência para aprender a montar aparelhos de rádio e televisão. Ele me contava sobre o que estava aprendendo, e eu acabei ficando tão interessado que resolvi fazer também um curso por correspondência para montar uma rádio "pirata". Era uma coisa bem rudimentar. Com a ajuda dos meus pais, comprei os componentes: uma placa de circuito e alguns transistores com posicionamentos predeterminados. Foi o assistente do meu pai que me ajudou a montar a "rádio pirata", ou seja, ele que soldou os componentes à placa. Foi também ele que me ensinou a usar minha "rádio pirata". Mas de "rádio" e de "pirata" mesmo minha tentativa só tinha o nome, pois seu alcance era tão limitado que a minha programação mal chegava do outro lado da praça na frente da minha casa. Definimos uma frequência de rádio "vazia" (que não era ocupada por outras rádios – e no interior isso não era tão complicado), e eu, por meio de um microfone, podia fazer meus comentários e escolher a sequência de músicas que queria tocar.

Era uma enorme diversão. Meus amigos adoravam a brincadeira e minha família também se divertia. Enquanto eu e alguns amigos ficávamos em casa falando no rádio, os outros iam para uma outra casa, onde sintonizavam o rádio na "nossa" frequência. Para confirmar se eles nos ouviam, ficávamos nos falando pelo telefone, o que obviamente arruinava todo o propósito da comunicação por rádio, que é justamente depender só das ondas atmosféricas. Mas era uma farra, e nenhum de nós estava preocupado com isso.

Outra diversão clássica dos anos 1980, com uns 12 ou 13 anos, era passar trotes. Numa cidade pequena, todo mundo tem apelido e todo mundo conhece o apelido de todo mundo (aliás, Campo do Meio, cidade vizinha de Campos Gerais, tinha até mesmo uma lista telefônica paralela com apelidos em vez de nomes!). Não vou contar nenhum aqui em respeito à identidade dos atormentados, mas posso dizer que os apelidos rendiam enormes risadas na nossa ponta do telefone.

Estudava em uma escola pública e sempre fui bom aluno. Nós tínhamos uma professora para as principais disciplinas e outros professores para as demais matérias (peço perdão por não citar todos os meus professores aqui; certamente eles foram muito importantes para mim). Uma professora inesquecível foi dona Maria José, que era baixinha de tamanho, mas gigante na sabedoria e no carinho. Bastava ela entrar na sala de aula para ter minha total atenção. Além do afeto, ela tinha um método que nos desafiava e nos premiava pelo mérito e pela dedicação. Um dos prêmios que recebi como melhor aluno foi uma bandeira do Brasil em tamanho oficial, que tenho comigo até hoje. Eu gostava de ajudar meus colegas ensinando matemática. Às vezes, tinha um certo interesse por trás: eu costumava fazer a lição de algumas meninas e, em troca, elas se encarregavam dos meus trabalhos de arte, que eu não fazia questão nenhuma de fazer.

Uma vez, meus amigos (aqueles mesmos das cartas para as embaixadas, Mateus, Marcelo, Maurício e Júnior) e eu bolamos uma peça de teatro. Era mais uma forma de arrumar o que fazer do que um legítimo interesse pelas artes dramáticas. A peça era bem simples, mas tinha uma mensagem: alertar as pessoas para os riscos de se jogar lixo no chão. O "roteiro": uma pessoa escorregando em uma casca de banana. Na hora do tombo, todo mundo ria, incluindo nós mesmos. Todos nós éramos atores. Os ensaios eram na casa do Júnior, dentro de uma piscina vazia. Quando resolvemos apresentar a peça numa gincana escolar, percebemos que na verdade a graça estava na farra de nos reunirmos para ensaiar. A apresentação mesmo foi... chata. Foi uma sensação um pouco contraditória: senti uma enorme satisfação em ver a materialização daquilo que eu tinha planejado, mas, ao mesmo tempo, não achei graça naquilo. Percebi que meu futuro definitivamente não estava nos palcos.

Na verdade, tinha uma outra questão por trás disso: do alto dos nossos 12 ou 13 anos, começávamos a ter uma certa vergonha de aparecer em público. Foi assim também quando tivemos a brilhante ideia de fazer um *cover* da banda Kiss no show de talentos do clube da cidade. Fizemos um molde de guitarra com isopor cortado com estilete. Levamos o molde no marceneiro e, com base no molde, ele fez para nós uma guitarra de Duratex, uma placa de madeira aglomerada bem fininha e leve. Pintamos a guitarra, colamos adesivos e tudo mais. Até que ela ficou legal.

Mas, de repente, alguns dias antes da apresentação, caiu minha ficha e comecei a morrer de vergonha do que estava prestes a fazer. Avisei meus amigos que não ia encarar o desafio, apesar de já termos nos inscrito, ensaiado e feito a guitarra de Duratex. No dia da apresentação, nem fui no clube. Aquele *mix* de alívio por ter escapado do ridículo e tristeza por ter decepcionado meus amigos me acompanhou durante algum tempo, até eu descobrir que eles acharam que o "feito" não valeu a pena e ainda rendeu muita gozação.

Se os palcos não eram para mim, fui tentar os esportes. Não o futebol, o esporte brasileiro por excelência: sempre fui perna de pau. A derrota do Brasil para a Holanda no dia do meu nascimento foi profética e selou meu destino! Fui descobrindo que meu negócio era natação e tênis: com 9 ou 10 anos, eu nadava no clube e fazia aulas de tênis. Eram os anos 1980, e, como não poderia ser diferente, meu grande ídolo no tênis era o Ivan Lendl, um tenista profissional tcheco naturalizado americano. Ele dominou o esporte naquela década. Entre 1985 e 1988, foi o tenista número 1 do mundo pelo *ranking* da Associação de Tenistas Profissionais (ATP). Inovou o tênis focando no preparo físico, que até então não recebia tanta importância, e ficou conhecido por seu autocontrole nas quadras.

Uma vez, quando eu já tinha uns 11 anos, tivemos um campeonato. Eu era o favorito. Comprei uma roupa nova para a final – camiseta branca com o logo da Adidas no peito e shorts branco com as famosas listras em azul (e bem curto para os padrões atuais), calcei meus tênis Adidas Ivan Lendl (duros e quentes, porque eram inteiramente de couro), e... perdi.

Errei muito, fiquei furioso – não mostrei nada do autocontrole do meu ídolo. O que poderia ter sido uma partida normal como qualquer outra virou um pesadelo para mim. Tinha ali o apoio incondicional dos meus pais e amigos na plateia. Mas não deu nada certo naquele dia e o oponente mereceu a vitória. Foi muito difícil lidar com aquilo. Tanto que lembro até hoje o nome do meu adversário: Ronaldo.

Apesar da vergonha e da raiva por ter perdido, aprendi muito com aquela derrota. Percebi que era de mim mesmo que eu precisava ganhar: tinha que controlar minhas próprias expectativas, perseverar e saber reconhecer a superioridade do outro. Quando tudo está dando errado e o que a gente mais quer é desistir e jogar tudo para o alto, é aí que precisamos perseverar. No esporte, não basta você preencher todos os pré-requisitos se não dá o seu melhor. Mesmo com o tênis Ivan Lendl e meu uniforme Adidas, sem autocontrole, dedicação, humildade e perseverança, eu não ia chegar a lugar nenhum. Então, mesmo indignado comigo mesmo por ter perdido, continuei jogando tênis.

Além das aulas, lições de casa, esportes e outros projetos, ainda sobrava tempo para brincar com meus amigos – Mateus, Marcelo, Maurício e Júnior. Aliás, nós éramos quase um clã. Chegamos ao ponto de inventar uma carteirinha que dava acesso ao grupo, a qual era impressa numa gráfica de verdade, que era do tio de um deles. No lugar da foto, usávamos um carimbo com imagens de animais. No verso ficavam as regras e o prazo de validade. Era tudo muito burocratizado e organizado, tínhamos senso de liderança e até alguns processos e métodos estabelecidos. Havia regras bem definidas para os encontros e debates, incluindo uma pauta. Não que houvesse rigidez – éramos crianças, certo? –, mas já tínhamos a percepção de que o coletivo faz a força, e era emocionante fazer parte daquilo, sentir que juntos tínhamos algum poder. Um dos principais benefícios da carteirinha era permitir a entrada em qualquer festa, mesmo sem sermos convidados. Essa sensação de potência era uma delícia: quando ouvíamos que nosso nome não estava na lista ao sermos questionados na entrada de uma festa, bastava dizer: "Tudo bem, eu tenho a carteirinha que me permite entrar". No interior, com 10 ou 11 anos de idade, aquilo era uma grande coisa! Até porque era uma festinha infantil.

Foi também nessa época que comecei a me interessar pelas conversas com a minha tia Maria das Graças, apelidada de tia Lia, irmã do meu pai. Ela era professora de ciências biológicas na Universidade Federal de Minas Gerais (UFMG). Eu gostava de ver as apostilas da medicina, e chegamos, juntos, a fazer uma cirurgia em um sapo. Ele não resistiu, mas foi ali que nasceu minha paixão pela medicina.

Tia Lia foi muito importante para mim. Não que os outros tios não fossem, mas nossa relação era muito próxima. Estava sempre de bom humor. Além de ser determinante em minha opção pelas ciências biológicas, ela estabeleceu entre nós, os netos da avó Augusta, uma tradição que me marcou para sempre: a distribuição de presentes na Vila Vicentina, uma instituição onde moravam idosos e crianças sem família. Quando ela vinha de Belo Horizonte para o Natal, tia Lia trazia presentes para todos nós, mas só podíamos ganhar os presentes se antes nós mesmos déssemos presentes para os idosos e as crianças da Vila Vicentina.

Era na mesa da cozinha, na época do Natal, que tia Lia, minha avó, meus primos e eu embrulhávamos os presentes, conversando sobre como seria a excursão à Vila Vicentina. A sensação boa vinha quando nós imaginávamos quem poderia receber aquele presente e o que aquela pessoa poderia sentir quando abrisse aquele pacote. Depois, íamos todos juntos distribuí-los. Eram muitas as emoções ao fazer isso. Começando pela responsabilidade, pois tínhamos de chegar cedo e respeitar as regras que ela estabelecia, para que cada sobrinho fizesse a sua parte. Mas o momento mais incrível era na nossa chegada lá. Acho que os moradores da Vila Vicentina nem se importavam tanto com os presentes, mas, sim, com a nossa presença. Eram sorrisos largos e abraços apertados. Ficávamos lá por um tempo entregando os presentes, e eles nos serviam um café que, na lembrança que tenho hoje, era muito doce. Na hora de ir embora parecia que até os mudos falavam, tamanha a expressão de alegria deles. Fizemos isso muitas vezes. E, como na vida aprendemos pela repetição, esse foi um grande aprendizado: aprendi a enxergar um mundo maior do aquele em que eu vivia, a perceber existências muito diferentes da minha, a valorizar o outro e a respeitar as diferenças. As excursões à Vila Vicentina certamente formaram a base do que eu entendo como trabalho voluntário, e sobre a importância dessa atividade: fazer para o outro, de forma verdadeira e com dedicação.

Nossas comemorações de Natal eram memoráveis. A reunião de família acontecia sempre na casa da minha avó. Nessa época, como ela tinha nove filhos, imagine uma família grande com muitos tios, primos, agregados e amigos. Era uma alegria! A festa era planejada com antecedência. O cardápio, as bebidas, quem ficaria responsável por cada coisa. E finalmente os presentes. Isso sim era um capítulo à parte. Além dos presentes individuais, existia um presente comum para todos os netos.

Num dos anos, por exemplo, o presente conjunto foi uma barraca de acampamento. Era uma daquelas barracas quadradonas, antigas, com uma varandinha na frente. Nem sei se hoje ainda existem barracas desse tipo. Dava um trabalhão para montar. Ninguém nunca dormia nela: ela era nosso QG quando fazíamos piquenique no sítio. Quem montava era a tia Lia, com a ajuda de algum outro adulto, enquanto eu e meus primos ficávamos brincando de colar e descolar velcros, abrir e fechar zíperes. Foi um sucesso tão grande que ganhamos, além da barraca grande, barraquinhas para brincar em casa (essas cada primo montava na sua casa, e cada um dormia dentro da sua – uma farra).

A abertura dos presentes geralmente acontecia no almoço do dia 24 de dezembro. Minha avó fazia uma oração, agradecia por mais um ano e renovava o pedido de proteção para todos. Para os adultos, havia um amigo secreto, mas antes, claro, era a vez das crianças. Como éramos muitos, a ordem era o neto mais velho e depois um mais novo, e assim até o final. Após a entrega do último presente individual, era entregue o presentão, ou o presente que era de todos. Era muito legal! Dessa forma, todos nós começávamos a entender que existiam coisas que eram só nossas e outras que pertenciam a outras pessoas também, e que precisávamos compartilhar. Tia Lia sempre insistia nesse ponto. Acho que ela tinha uma visão de vanguarda, muito à frente do tempo dela. (É uma pena que não tenha aproveitado carros, casas e até bicicletas e patinetes compartilhados, como temos hoje com Airbnb, Uber, Yellow Bike, etc.) Uma das coisas mais incríveis que tia Lia fez foi o Museu de Ciências Morfológicas da Universidade Federal de Minas Gerais (UFMG). Nele, os visitantes (inclusive os cegos) podem manipular peças anatômicas feitas de gesso e resina.[2] Infelizmente, tia Lia nos deixou em 2015 aos 66 anos, vítima de um câncer.

Na Vila Vicentina, cheguei até a ficar amigo de uma senhora. Ela era bem baixinha, falava e ouvia com dificuldade. Por causa da nossa amizade, ela vinha almoçar em casa alguns domingos, e minha mãe guardava um lugar especial à mesa para ela.

Após o almoço, ela nos contava histórias e, apesar da dificuldade de comunicação, acabávamos nos entendendo. Foi ela que me ensinou que o sorriso é uma forma de comunicação universal.

2 Mais informações sobre esse museu podem ser encontradas em https://www.ufmg.br/rededemuseus/mcm/.

Bem ao gosto da vó Augusta, fiz catecismo, primeira comunhão, crisma – só não fui coroinha. Mas participei uma ou duas vezes da cerimônia de coroação de Nossa Senhora, aos 7 ou 8 anos. Nessa cerimônia, que acontecia em 12 de outubro, a imagem de Nossa Senhora entrava pelo corredor principal da igreja e, então, duas crianças, um menino e uma menina, iam até ela e a coroavam. Depois, lançavam-se pétalas de rosa sobre a imagem. Era um evento importante na comunidade religiosa, e eu sentia que minha família, especialmente vó Augusta, ficava orgulhosa com a minha participação.

Como minha formação religiosa deixa claro, a religião sempre teve grande influência em minha família. A fé para mim sempre foi importante, e para mim ter fé significa sempre acreditar que as coisas vão dar certo. Ao longo da minha trajetória até aqui, com as dificuldades e incertezas que encontrei, tive muitos momentos em que poderia ter duvidado de que as coisas dariam certo. Mas, por causa da fé, isso nunca aconteceu: eu não sabia direito de que maneira as coisas dariam certo, mas sabia que dariam! Aprendi também que só o futuro pode explicar algumas incertezas ou coisas que parecem estar erradas no presente. Não à toa, muitos anos depois, tatuei em meu pé a palavra "fé".

Com mais ou menos 9 anos, sempre que perdia a missa da tarde do sábado, que era a que meus pais frequentavam, eu escolhia ir à missa das 6h30 da manhã aos domingos, ouvir o sermão do padre Osório. Colocava o despertador de metal prateado redondo e levantava sozinho para ir à missa. Não havia perigo, eram apenas duas quadras e a cidade era segura. Lembro do ventinho bem fresco no rosto, mesmo no verão, durante a caminhada. Sentava mais na frente, mas não nos primeiros bancos. Ao explicar o evangelho, padre Osório era bem didático sobre a passagem bíblica que citava e sobre a reflexão ou ensinamento ético que o texto oferecia. Com aquela idade, eu já tinha a impressão de que na missa das 8h30 e na das 10 horas da manhã as pessoas iam mais para conversar e mostrar a roupa nova. Por isso escolhia a das 6h30 – mas, para ser inteiramente honesto, o café da manhã na casa da avó Augusta também pesava nessa decisão.

Saía da igreja e ia caminhando até a casa da minha avó. Logo que entrava, já era recebido pelo cheiro do café recém-passado e do pão de queijo. Era tudo delicioso. Na grande mesa da cozinha, ela estendia uma tolha de mesa xadrez, às vezes vermelha, azul, mas sempre xadrez. Servia café de coador, biscoito de polvilho, pão de queijo, bolachinhas doces e bolos. Tudo caseiro e feito no forno a lenha. Ah, e com manteiga e queijos caseiros também. Além de tudo isso, tinha o papo gostoso com a minha avó e depois com os primos e tios que iam chegando um pouco mais tarde. E assim aquela mesa ficava até chegar a hora do almoço. Durante uma dessas manhãs, com um certo receio de levar uma bronca e o peito um tanto pesado, expliquei para minha avó que eu estava começando a achar a igreja muito teatral. Mas a resposta dela me surpreendeu: ela me disse que a religião a gente faz na prática. Mais tarde, foi libertador descobrir que a igreja estava dentro de mim, que eu não precisava ir ao edifício físico "igreja" para cultivar minha fé.

Contando assim, até parece que a vida na cidade pequena era agitada, não? Mas a verdade é que a vida foi ficando muito pacata, ou eu que comecei a crescer e fiquei mais agitado.

Com meus 12 anos chegaram os primeiros bailinhos. Geralmente aconteciam na casa de algum amigo, e por volta das 21, 22 horas era preciso voltar para casa. Era bem engraçado: enquanto nós queríamos brincar de pique-esconde, as meninas estavam interessadas nos caras mais velhos. As meninas, já mais maduras, ficavam em rodinhas e começavam a falar dos meninos mais velhos. Já nós, os meninos da minha idade, também ficávamos em grupo, mas o foco principal era brincar de pique-esconde. A preocupação com a música e dançar com a vassoura vieram só um pouco mais adiante. Até rolava um papo sobre quem gostava de quem, mas o pique-esconde ainda saía ganhando nessa época. Na verdade, o bailinho era na mesma praça onde brincávamos durante o dia... a diferença era só a iluminação.

A despeito da nossa preferência pelo pique-esconde, um tanto ressentidos com esse interesse das meninas pelos caras mais velhos, e um tanto querendo fazer graça, nós pegávamos potinhos de margarina, enchíamos de água, amarrávamos uma das extremidade de um fio de náilon no potinho e a outra extremidade num tijolo. O potinho ia para cima do muro, e o tijolo, para a calçada. Quando os bonitões passavam pela calçada a caminho do baile, não viam o fio no escuro, e... surpresa! Chegavam na festa todos molhados.

Foi também quando eu tinha 12 anos que meus pais abriram para mim uma conta bancária e eu ganhei meu primeiro talão de cheques. Aquilo sim foi revolucionário na época! Quando peguei nas mãos o talão e vi meu nome impresso nos cheques, tudo tão oficial, me invadiu um misto de me sentir valorizado e também de saber que tinha recebido um voto de confiança. Foi com aquele talão de cheques que comecei a aprender de verdade a lidar com dinheiro. Sem falar na sensação ímpar de poder ir à sorveteria aos sábados e fazer um cheque para pagar um *sundae* de chocolate com cobertura de caramelo, meu preferido. Aprendi lições que logo seriam muito importantes para mim.

Mesmo assim, a cena da praça onde eu morava, sem uma viva alma na rua em plena tarde de segunda-feira, me trazia uma inquietação imensa e uma certa angústia. Eu sentia que havia um mundo acontecendo sem que eu tivesse acesso a ele. Me sentia confinado. Essa sensação aumentava quando eu olhava para a serra, que, apesar de muito bonita e bem alta, com um Cristo Redentor no topo, escondia o horizonte. À medida que os anos passavam, crescia a minha curiosidade para ver o que tinha atrás daquela serra.

E foi então que, aos 14 anos, aconteceu na minha vida a primeira grande mudança. Em Campos Gerais, era comum que os adolescentes fossem fazer o ensino médio em um colégio melhor. No meu caso, esse colégio ficava em Belo Horizonte, na rua Gonçalves Dias, no bairro Savassi. O momento em que fiquei sabendo que estudaria lá permanece comigo como se o tempo não tivesse passado. De repente, eu via o mundo se abrindo, conseguia vislumbrar uma vida fora de Campos Gerais e me alegrava com isso. Finalmente veria o mundo para além da serra! Mas, ao mesmo tempo, saber que ficaria longe da minha família e dos meus amigos e que perderia aquela rotina gostosa de cidade do interior me dava uma nostalgia antecipada.

Apesar de todas as novidades que aquela oportunidade me trazia, e apesar da felicidade em finalmente poder enxergar o horizonte, era impossível, aos 14 anos, não sentir falta e saudades dos meus pais e da minha irmã. Às vezes, em Belo Horizonte, o sentimento era de uma solidão muito grande, mesmo convivendo com alguns conhecidos. Mas também não era o fim do mundo, pois me encontrava regularmente com a minha família e tinha na retaguarda alguns parentes mais próximos na cidade. De fato, não era para reclamar. Comecei a entender cedo que não dá para ter tudo na vida, principalmente ao mesmo tempo. Que escolher uma coisa implica abrir mão de outras. E que, para conseguir qualquer coisa, é preciso dedicação e esforço.

CAPÍTULO 2

~~REPÚBLICA CAFÉ COM LEITE~~

Eu costumava brincar dizendo que o período do meu ensino médio e a época pré-vestibular foram meu período café com leite, em alusão à política dos governadores durante a República Velha (período que começou com a eleição de Campos Sales, em 1898, e só acabou com a Revolução de 1930 e a ascensão ao poder de Getúlio Vargas, um gaúcho). A política do café com leite tinha esse nome porque São Paulo era o maior produtor brasileiro de café, o chamado "ouro verde", principal produto de exportação do país na época e responsável pelo enriquecimento do estado. E Minas Gerais era o maior produtor de leite do Brasil. A política do café com leite funcionava assim: ora era um paulista que ocupava a cadeira de presidente da República, ora um mineiro. Esses presidentes eram sempre provenientes da oligarquia dos seus estados (que na época se chamavam províncias), ou seja, representavam os detentores do poder econômico, e atuavam a favor dessas oligarquias. Assim, o presidente paulista não tomava atitudes que prejudicassem a poderosa oligarquia provinciana, e, depois, o presidente mineiro fazia o mesmo. Isso significava, por exemplo, manter a autonomia dos governadores das províncias. Um grande "acordão" para que o poder político e econômico não mudasse de mãos.

Mas, no meu caso, o meu período café com leite – ou melhor, leite com café – foi a vida em Belo Horizonte e depois em Ribeirão Preto, no interior de São Paulo.

LEITE

Belo Horizonte foi uma experiência muito rica. Cidade grande, capital do estado de Minas Gerais, BH é uma autêntica metrópole – a minha primeira –, com cerca de 1,5 milhão de habitantes e uma vida econômica e cultural vibrante, bem diferente da minha cidade natal. Isso significava distâncias maiores do que aquelas com as quais eu estava acostumado e a necessidade de usar o sistema de transporte coletivo. Além disso, também era preciso prestar mais atenção com a minha segurança, o que não tinha sido uma preocupação na minha vida até então. Campos Gerais ficava a 300 km de distância, o que significava que meus pais estavam consideravelmente longe.

Morei durante os primeiros meses na casa de uma tia do meu pai, que era viúva e tinha um filho mais velho que eu. Como ela trabalhava muito, nós quase não nos víamos. O apartamento ficava num bairro mais distante da região central, e eu precisava acordar bem cedo para pegar um ônibus até a Savassi, onde ficava o meu colégio. Então, resolvi depois ir morar com um amigo de escola e com a irmã dele, mais velha que nós. Éramos do mesmo ano, mas estudávamos em salas diferentes e tínhamos em comum o sonho de fazer medicina. Mais tarde, mesmo cada um seguindo o seu caminho, nós dois nos formamos médicos.

Apesar de ser relativamente comum entre os adolescentes da minha cidade, não era nada usual, nos grandes centros, os filhos morarem sem seus pais. Eu vivia a paradoxal situação da falta do aconchego familiar e de uma independência precoce.

Minha experiência com a conta bancária que meus pais tinham aberto em meu nome aos 12 anos foi muito útil: em Belo Horizonte, eu era o responsável pelo meu dinheiro. Pagava o aluguel e a mensalidade da escola, e tinha de saber administrar minha agenda e o restante do dinheiro durante todo o mês. Hábitos pouco comuns para pessoas de 14 anos. Precisava ter responsabilidade – não havia ninguém para me tirar da cama de manhã cedo. Pensando hoje, concordo que foi uma experiência bem precoce, especialmente se comparada com a "adultescência" dos dias atuais.

Antes de sair de casa, minha mãe me ensinou a cozinhar o básico e a lavar e desamassar roupas – embora eu não tivesse habilidade suficiente para passá-las! Eu aprendi a fazer um ótimo ovo frito. Tínhamos uma empregada que cozinhava e limpava o apartamento. Mesmo assim, aquele era um enorme passo em relação à vidinha gerenciada por pai e mãe que eu levara até então. Aquela foi minha primeira experiência de autonomia, e graças a ela eu amadureci mais rapidamente.

Não que eu estivesse "solto" no mundo. Entre meus pais e eu sempre houve muita confiança. Eu continuava precisando pedir permissão para ir aos lugares. Uma vez, com uns 15 ou 16 anos, queria ir ao Festival da Canção na cidade de Boa Esperança. Liguei para meus pais, mas eles não deixaram. Se eles diziam que eu não podia fazer alguma coisa ou ir a algum lugar, eu os obedecia, mesmo de longe. O cuidado que eles tinham comigo me acompanhou a BH e era o que me dava estrutura. Sentir que mesmo de longe eles cuidavam de mim era importante para que eu não me sentisse sozinho, mesmo sem a convivência diária com eles.

O colégio foi um capítulo à parte. A mobília era moderna e as lousas eram brancas, daquelas em que se escreve com canetas – uma novidade na época. Tive ótimos professores, me sentia maravilhado com a oportunidade de aprender tantas coisas novas. Um dos professores mais importantes foi a Cláudia, professora de redação que me marcou bastante. Não era incomum que minha criatividade e eu viajássemos num texto. Aí ela sempre me lembrava: começo, meio e fim. O texto precisa ser compreendido por outras pessoas além de você. No começo cheguei a pensar que ela estava tolhendo minha liberdade de expressão. Outra viagem, claro! Ela estava corretíssima, e aprendi que poderia viajar o quanto eu quisesse, amarrando bem os fatos e a conclusão dos meus pensamentos. Ou seja: nessa viagem feita de tinta e papel, ser compreendido por outras pessoas permitia que elas viajassem comigo. Não deixava de ser uma ideia revolucionária.

Em algum momento, cheguei a fazer um teste vocacional, que confirmou minha aptidão para a área de biológicas – no meu caso, para a medicina. Sempre gostei das aulas de biologia, mas tinha também muita facilidade com exatas, com a matemática. E o teste veio mesmo ajudar com a certeza bem indecisa que os cancerianos têm.

Foi nessa época que comecei a desenvolver o hábito de escrever os objetivos que eu queria alcançar. No começo, escrevia num pedacinho de papel e carregava na carteira comigo, mas, com o tempo, passei a escrever num caderno de anotações pessoais. Era curioso, mas funcionava.

Às vezes, algum dos itens precisava ser escrito novamente em uma nova lista, e outros não aconteciam da forma ou no tempo que eu imaginava. Mas organizar meus objetivos, acreditar neles e buscar algo com fé era um atributo que crescia comigo. Na definição da minha avó, a grande dona Augusta, fé a gente não pede em orações, a gente mostra que tem.

Claro que foi difícil, aos 14 anos, ficar sem a convivência da minha família. Mas, para mim, aprender era e continua sendo fascinante. Então, o lado difícil era superado pelo prazer das descobertas e pela conquista dos aprendizados. Tudo na vida tem dois lados, e tenho a característica de olhar sempre o lado meio cheio do copo, ou, melhor dizendo, o lado otimista das coisas.

No colégio, o primeiro ano exigiu de mim um esforço enorme, pois, além de todas as novidades da rotina, que eram muitas, eu tive de correr atrás de conteúdos e matérias para acompanhar o ritmo do colégio e dos meus colegas, já que eles estavam mais adiantados que minha antiga escola. O segundo ano já foi mais tranquilo. Já me sentia confortável com o colégio e estava adaptado à rotina da cidade grande.

Foi um período em que fiz muitos amigos e tive até minha primeira paixão de adolescente. Até hoje é divertido lembrar dessa época. Eu gostava de fazer as lições na casa de uma amiga, após as aulas, e comecei a perceber que frequentemente perdia o foco olhando para ela. Como já sabia que na casa dela não conseguia me concentrar, comecei a estudar um pouco antes de me encontrar com ela. Assim, quando nos encontrávamos, eu já sabia a matéria e minhas lições estavam quase finalizadas. Então, além de poder explicar os exercícios para ela, tinha mais tempo para mim, ou melhor, para ela... Aqueles foram bons tempos!

Ser adolescente em Belo Horizonte no fim da década de 1980 foi marcante. Como já contei, eu até ia a bailinhos em Campos Gerais, mas nós estávamos mais interessados em brincar de pique-esconde e aprontar com os bonitões mais velhos. Foi em Belo Horizonte que comecei a ir a baladas e a frequentar barzinhos, para ouvir a boa música da cidade, tocada ao vivo. A cena musical era interessantíssima: ouvi o Skank nascendo, Rogério Flausino ainda como vocalista da banda Contacto Imediato, que depois se tornou Jota Quest. Histórico.

Comecei, então, a acompanhar o Skank em seus shows. A música era boa e a história deles também. Se não me falha a memória, o primeiro show foi visto por 37 pagantes. A banda chegou a fazer uma vaquinha entre os integrantes para gravar seu primeiro disco independente, que teve 3 mil cópias. No fim das contas, um ótimo exemplo de empreendedorismo. Com resiliência e muito trabalho, hoje o Skank é uma banda conhecida em todo o país e até mesmo internacionalmente, que já vendeu, no total, mais de 5,5 milhões de discos. Para quem gosta do som e não conhece muito da história do Skank, mas quer conhecer, sugiro que comece pelo site da banda.[1]

A capital mineira tinha, e ainda tem, a fama de ter bons músicos e receber bons shows. E eu aproveitei bastante essa cena. Lembro até hoje de um dos shows mais marcantes para mim: o dos Paralamas do Sucesso. (Herbert Vianna ainda não tinha sofrido aquele trágico acidente.) No meio do show, ele disse: "Hoje é aniversário do Bi Ribeiro [baixista dos Paralamas], e o presente é de vocês! Vamos tocar o que quiserem e até quando quiserem". Foi incrível! Além dos sucessos deles, interpretaram muitas bandas internacionais.

Todo esse meu interesse pela música vinha da influência da minha família, mas também da minha natureza. Até tentei estudar violão, mas meus dedos doíam, e eu não devia ter um desempenho lá muito entusiasmante: meu professor cochilava nas aulas. Depois migrei para a gaita, mas também não deu certo. Hoje me contento com várias *playlists* no Spotify e com uma *pick-up* de DJ.

No terceiro ano do colegial, precisei dar um tempo na música e nas baladas e me dedicar mais aos estudos. Também li com afinco todos os livros que cairiam no vestibular. Um livro que me marcou foi *A roda do mundo*, de Edimilson de Almeida Pereira e Ricardo Aleixo. Se não me falha a memória, era uma coletânea de poemas que homenageavam tradições africanas. Também caprichei nos treinos para a redação. Com tanto estudo, o ano passou muito rápido, e essa rotina só era quebrada em algum feriado, quando eu ia visitar minha família em Campos Gerais. Era curioso: uma mistura de matar a saudade e de sentir um certo *glamour* de quem vive na capital e vai para o interior. Bobagens da adolescência.

---

1 Mais informações podem ser encontradas na página oficial da banda: http://www.skank.com.br/historico/.

Embora meus anos em BH tenham sido divertidos, e eu me lembre deles com carinho, nenhuma das amizades que fiz perdurou e cada um seguiu seu rumo. Hoje, a sensação que tenho quando me lembro daquele período, talvez por ter passado muito novo pela experiência de morar sozinho, é a de estar num lugar cheio de gente, mas muito sozinho.

Nos meses de agosto e setembro de 1992, me inscrevi para os vestibulares das faculdades de medicina de Belo Horizonte: a Faculdade de Medicina de Ciências Médicas de Belo Horizonte e a da Universidade Federal de Minas Gerais. (Naquela época, ainda não existia o Enem – Exame Nacional do Ensino Médio –, e a admissão na faculdade dependia totalmente da aprovação no vestibular.)

Estava tranquilo, mas não totalmente confiante. Sentia um certo medo, nem tanto da prova, mas da decepção que eu poderia levar para casa. Não passei em nenhum dos dois vestibulares. É claro que a sensação foi de frustração, mas hoje tenho plena convicção de que meu horizonte teria sido muito diferente – e provavelmente muito mais estreito – se eu tivesse sido aprovado logo de cara. Como diz aquele ditado mais que manjado, "há males que vêm para o bem". São passagens como essa, ou melhor, fatos como esse, que vão moldando nossa vida. Algumas vezes escolhemos e outras vezes ficamos à mercê do destino. Ou você acha que prestei aqueles vestibulares não querendo ser aprovado?

Concluído o colegial, e sem ter sido aprovado na faculdade, era chegada a hora de decidir o que fazer. Voltar para Campos Gerais? Ficar em Belo Horizonte? Alguns amigos mais próximos estavam decididos a mudar de cidade, pois a rotina em BH já trazia uma zona de conforto tão grande que os estudos começaram a ficar em segundo plano. E, para finalmente passar no vestibular, nós precisávamos estudar.

A maioria dos meus amigos decidiu ir para São Paulo, e uns poucos foram para Campinas. Quase fui com eles. Mas, parando para pensar um pouco, resolvi ir para um lugar diferente, para me concentrar nos estudos. Me ocorreu a ideia de que, se eu os acompanhasse, eu provavelmente não conseguiria estudar tanta quanto se mudasse para um lugar totalmente diferente.

Escolhi Ribeirão Preto, no estado de São Paulo, apesar de não conhecer a cidade, de me afastar da cidade dos meus pais e de não conhecer ninguém lá. Um tiro quase totalmente no escuro: a cidade tinha um bom cursinho pré-vestibular para medicina, e longe dos meus amigos e da minha zona de conforto eu poderia me concentrar nos estudos.

E, então, de BH fui para Ribeirão Preto. Hoje, olhando para trás, vejo que Ribeirão foi quase o que hoje se chama de período sabático – uma oportunidade de ficar só comigo mesmo, quase como se estivesse olhando minha vida de fora, contemplando responsabilidades e possibilidades e, acima de tudo, descansando. Foi um "minissabático".

CAFÉ

Ribeirão foi uma grande experiência! Nunca morei em cidade mais quente! Com temperaturas quase na casa dos 40 °C, Ribeirão tinha na época cerca de 450 mil habitantes. Conhecida por suas cervejarias, é uma cidade grande, mas com jeito de interior. Fui bem acolhido e logo fiz algumas amizades. Entre meus amigos, algumas pessoas locais e outras que vinham de cidades vizinhas.

Morei numa república, bem próxima do cursinho, com três caras bem legais – o Virgílio, de Barretos; o Ricardo, de São Manuel, muito estudioso, diga-se de passagem; e o Leandro, de Lins.

Diferentemente de BH, minha passagem por Ribeirão foi bem menos boêmia, embora eu não tenha deixado de tomar vários chopes no tradicional bar Pinguim, incentivado pela temperatura da cidade. O Pinguim é um dos principais pontos turísticos ribeirão-pretanos. Fica num prédio histórico e tombado, ao lado do tradicional Theatro Pedro II, na esquina da rua General Osório com a Álvares Cabral, no centro de Ribeirão. O visual da construção é memorável: pé-direito alto, grandes lustres de estilo antigo e o inconfundível piso xadrez em preto e branco. Isso sem falar no chope, claro e com um colarinho bem denso. Existe uma lenda que diz que o chope do Pinguim é melhor que os outros porque vem diretamente da fábrica da Antarctica por meio de uma "superserpentina" subterrânea. É uma ideia bem divertida, uma espécie de "teoria da conspiração cervejeira", mas não é verdade.

Não cheguei a namorar em Ribeirão, mas tive uma amizade bem colorida com uma menina da cidade.

Comecei a estudar em um cursinho pré-vestibular, mas isso não durou muito. Fui por algumas semanas e decidi parar um pouco, porque achei que estava cansado. (Aqui começa meu "minissabático".) Meus pais ficaram sabendo disso oficialmente quase no final do semestre. Ou melhor, contei para eles quase no final do semestre. Mas os pais sempre sabem o que estamos fazendo. Ficaram numa boa. Para mim, contudo, a responsabilidade aumentou, e muito.

Apesar de ter largado o cursinho, continuei indo às aulas de redação, nas quais fiz alguns amigos que frequentavam aulas de filosofia. Como sempre me interessei por coisas diferentes, e como nunca tinha estudado filosofia, lá fui eu também fazer as tais aulas.

Elas aconteciam na Universidade de Ribeirão Preto (Unaerp), uma universidade particular, num curso de extensão livre. Ocorriam uma vez por semana, e eu não tinha o compromisso de completar o curso, fazer provas, etc. Resolvi ir por um tempo para ver como eram. Adorei! Não era uma aula congelada no passado, como algumas aulas de filosofia às vezes são. Eram ensinamentos sempre muito discutidos e aplicados à nossa realidade, o que me possibilitou descobrir um outro jeito de perceber a vida e entender as coisas.

Algo que me marcou foi que o professor tinha alguma questão com o alcoolismo. Às vezes faltava, e às vezes estava muito inspirado. Era muito inteligente e tinha muita bagagem de ensino. Lá aprendi algumas lições. Talvez a mais importante delas tenha sido sobre expectativa: aprendi a não esperar em troca as mesmas coisas que eu tinha capacidade de oferecer. O fato de poder dar, oferecer algo deveria se encerrar na completa plenitude desse ato. Nem sempre isso é tão fácil de se executar na prática, mas entender isso certamente fez minha vida muito mais leve.

Voltar a nadar foi outra grata experiência daquele período. Um esporte introspectivo para um período introspectivo. Nas aulas de filosofia, aprendia novos conceitos; no silêncio da piscina, refletia sobre eles. O silêncio só era quebrado após a natação por um rapaz de origem oriental que fazia vitaminas de frutas. Eram ótimas e gigantes! O copo todo do liquidificador. Além das frutas, ele colocava na vitamina paçoca ou guaraná. E, enquanto eu me dedicava àquele litro e meio, ele, que era bom de papo, me contava como sua família, original de Kobe, tinha vindo parar no Brasil para trabalhar nas fazendas de café, uma história muito comum entre os imigrantes que povoaram o interior do estado de São Paulo no fim do século XIX. Ribeirão é considerada o "berço da imigração japonesa", pois recebeu, em 1908, os primeiros imigrantes japoneses no Brasil.

A região de Ribeirão Preto, que já chegou a ser conhecida como "Capital do Café", tamanha sua importância no cultivo do produto, viu sua população quintuplicar entre 1885 e 1900 graças à imigração. Em 1902, 62% da população da região era composta por imigrantes, principalmente italianos, mas também portugueses, espanhóis, sírio-libaneses e austríacos, que fugiam da crise e da fome em seus países em busca de melhores condições de vida. Enquanto isso, em 1888, ocorria no Brasil a promulgação da Lei Áurea e o fim da escravidão (ainda que a contragosto de muitos, é verdade). Como os escravos eram a mão de obra das lavouras de café paulistas, principal produto de exportação brasileiro da época, tornava-se necessário substituí-los ao menor custo possível. Foi nesse contexto que se deu a chegada ao interior de São Paulo de enormes contingentes de imigrantes, os quais vinham muitas vezes patrocinados pelos donos das fazendas de café. Se buscavam condições melhores, logo se viram numa enrascada: muitos entraram num regime de trabalho análogo à escravidão e sentiram-se enganados pela propaganda brasileira que os atraíra ao país. Tanto que países como a Itália chegaram a proibir a imigração ao Brasil quando tomaram conhecimento das condições em que os italianos viviam aqui. Ainda assim, com muito trabalho duro, esses imigrantes tiveram mais chances de prosperar do que em seus países, onde o acesso à terra era dificultado e a morte por desnutrição era uma possibilidade bastante concreta.

Voltando: essa minha rotina – aulas de redação e filosofia, natação, vitaminas e chope – durou seis meses, o bastante para que eu pudesse descansar e reencontrar meu senso de responsabilidade. O que eu gosto dessa etapa da minha história é que ela mostra bem como, muitas vezes, o melhor caminho para um objetivo não é uma linha reta. Aulas de filosofia, chopes no Pinguim e quilômetros na piscina certamente não estão entre as opções mais óbvias para se chegar à faculdade de medicina. Ainda assim, esse foi o caminho que me levou a uma. Às vezes, o cansaço mental e a fixação em um objetivo tiram de nós a eficácia. Apesar de nos esforçarmos, a impressão é a de que corremos na areia: os pés afundam e quase não saímos do lugar, mas no fim do dia estamos exaustos.

Sem entender que era isso o que eu estava fazendo, meu "minissabático" me deu a chance de sair dessa dinâmica. Se eu tivesse continuado o cursinho logo que cheguei a Ribeirão, conforme o planejado, pode ser que eu tivesse passado no vestibular no final do ano da mesma forma. Nunca saberemos. Mas eu certamente não teria tido a chance de ampliar minha forma de ver a vida, como minha presença descompromissada nas aulas de filosofia permitiu. Teria tido menos chances de desanuviar a cabeça e viver o presente – por que não dizer –, me divertindo. Não teria conseguido conversar tanto com o "japonês da vitamina". No final das contas, esses pequenos encontros ao acaso nos ensinam muito sobre a vida e alimentam a alma.

Já não é de hoje que "ócio", "preguiça" e "diversão" são quase palavrões. Coisa de quem não quer nada com nada, é o que diz o senso comum. E é também por causa desse preconceito que muitas vezes seguimos no automático, sem refletir sobre o que estamos fazendo, sem olhar para dentro de nós mesmos e examinar quais são nossas necessidades naquele momento. Assumimos que o caminho "correto" é sair do ensino médio e logo passar no vestibular e cursar a faculdade, para encontrar um bom emprego o mais rápido possível. Mas precisa ser assim?

Domenico de Masi, um sociólogo italiano, criou em meados dos anos 1990 o conceito de "ócio criativo". Conforme explica De Masi, ócio criativo é o ócio que nos faz sentir livres e que é necessário à produção de ideias. Em outras palavras, não é ficar sem fazer nada. É ler um livro, ir ao cinema, tomar um bom chope. Praticar um esporte, reunir-se com amigos, ouvir música. Para quem gosta de passeios ao ar livre, pode ser uma volta no parque, uma semana acampando, um mergulho no mar. É se entregar a experiências de lazer e relaxamento das quais se possam extrair ideias e criar. O ócio criativo é o que alimenta nossa criatividade e nossa capacidade de pensar, ter ideias e até mesmo estabelecer estratégias –

algo que uma mente saudável faz quase sem esforço, mas uma mente cansada não consegue de jeito nenhum. Numa imagem bem simples, o ócio criativo é o que permite encher o copo antes que possamos beber dele. Com a mente empenhada na execução de uma tarefa depois da outra, "apagando incêndios", como dizemos no dia a dia, fica difícil alimentar o cérebro e a alma com experiências capazes de nos tirar do lugar-comum.

E como dizia o filósofo grego Epicuro (para usar meu conhecimento de filosofia), a maior opressão não é a que vem do mundo exterior: é a que vem de nós mesmos. Quando impomos restrições a nós mesmos, aprisionamos nossa própria alma e perdemos nossa liberdade de espírito. E essa é a pior das prisões. Fugir do caminho traçado pelo senso comum exige muita coragem, mas a recompensa – o respeito a si mesmo e a busca de um caminho próprio – sempre vale a pena.

Quando nos conformamos em fazer o que a sociedade (ou quem quer que seja) acha que "deveríamos" fazer, estamos escolhendo viver a vida para outra pessoa ou outra coisa, e não para nós mesmos. Esse caminho chancelado pelos outros costuma ser claro, cheio de recompensas e opções. Já o nosso caminho... esse não é claro. Ele não está pré-traçado. Nosso caminho, nós vamos traçando ao caminhar, porque ele é só nosso, não existe antes de nós. Nas palavras de Joan Manuel Serrat, cantor espanhol: "Caminante, no hay camino, se hace camino al andar"... Ou, em português, "Caminhante, não há caminho, faz-se o caminho ao andar".

A exemplo dos imigrantes, que com muita coragem se lançaram ao mar rumo a um país desconhecido em busca de uma vida melhor, às vezes é necessário enfrentar o incerto e "pensar fora da caixa" para (re)encontrar a vitalidade. Saber ouvir a si mesmo é um exercício que sempre compensa. A verdadeira fonte da juventude está aí.

E retomando a imagem da mola: assim como uma mola, que precisa fazer um contramovimento para carregar-se de energia e então disparar na direção desejada, eu precisei recarregar as minhas energias no ócio criativo antes de me sentir pronto para retomar a trajetória que tinha planejado para mim.

Enfim: no segundo semestre de 1993, decidi voltar para o cursinho. Foram seis meses de muita dedicação e estudo. Prestei novamente alguns vestibulares, não sem receio, e, finalmente, fui aprovado em algumas faculdades. Escolhi a Faculdade de Medicina de Itajubá, no sul de Minas Gerais, por ser uma escola antiga e tradicional e porque queria ficar mais próximo da minha família. Assim terminava meu memorável ano em Ribeirão.

CAPÍTULO 3

~~NO ALTO DA SERRA~~

Itajubá, no sul de Minas Gerais, era em meados da década de 1990 uma cidade com cerca de 80 mil habitantes, muitos dos quais estudantes, já que o local conta com oito faculdades. É um dos maiores polos industriais da região. Localizada numa região montanhosa e de clima temperado, Itajubá fica na serra da Mantiqueira, perto de Campos do Jordão. Isso quer dizer muito frio de manhã e à noite! Morar em Itajubá me daria a possibilidade de ficar mais próximo da minha família (a distância entre Itajubá e Campos Gerais é de 200 km, um pouco melhor que os 300 km que separam Ribeirão Preto e Belo Horizonte de Campos Gerais, o que significa que era o mais perto que eu chegava de casa desde os 14 anos). Além disso, a Faculdade de Medicina de Itajubá (FMIt) era bem conceituada e contava com bons recursos e boas instalações.

Ainda me lembro do "trote" que levei dos meus amigos em minha cidade. Antes de rasparem o meu cabelo, tive que correr puxado por um laço por algumas ruas. Foi um misto de vergonha com exibicionismo, uma coisa um tanto paradoxal, mas a tradição do trote era forte e era assim que acontecia. Não fui o primeiro a passar por isso, e acredito que ainda hoje essa tradição exista. Medo mesmo eu sentia do trote na faculdade, o trote formal dos veteranos.

Num ensolarado dia de janeiro de 1994, de tempo seco, fui a Itajubá fazer minha matrícula. Uma sensação ímpar de ansiedade e emoção me invadia. O temor do trote estava estampado na minha face e na dos meus colegas, aqueles que seriam parte da minha família pelos próximos seis anos. O trote de fato aconteceu, e – o que parecia impossível, pois minhas expectativas já eram ruins –, foi um pouco pior do que eu imaginava. Muito embora, no final das contas, a ansiedade com o trote tenha sido ainda pior do que o trote em si. Teve de tudo um pouco: desde bundogramas a ficar preso em gaiolas. Bundograma, para quem nunca teve a experiência, é molhar a bunda numa bacia de tinta e estampá-la em cartolina branca. A vergonha só não é avassaladora porque a execução da pintura acontece com privacidade, e, como todo mundo é obrigado a fazer, o embaraço acaba se diluindo. As "obras de arte" ficavam expostas no corredor principal da faculdade. Outro trote que vi foi soltarem cem ratos de laboratório em cima de algumas calouras. Algumas desmaiaram.

As "brincadeiras" foram mais duras na matrícula, mas só acabaram mesmo em maio daquele ano: como em qualquer faculdade, era na data comemorativa da libertação dos escravos que ocorria também a libertação dos calouros, ou "bixos", como éramos chamados. A hierarquia em relação aos veteranos era muito forte. Na própria "passeata de liberação", os veteranos davam bebidas aos bixos, que eram obrigados a ingeri-las. Os que não bebiam eram presos em jaulas. O resultado era um monte de gente passando mal no final da "brincadeira".[1]

Como na vida a tendência é de que as coisas evoluam, essas amplas discussões sobre o trote na sociedade fizeram com que essa tradição nociva fosse proibida também pelas próprias faculdades. Na FMIt, o trote foi proibido em 2003, tanto dentro da faculdade como nos seus arredores. Isso significou o banimento de atos que causem constrangimento, intimidação e desrespeito, além de atitudes ofensivas ou autoritárias contra os calouros. Não se pode mais obrigá-los a cortar os cabelos ou roupas, usar fantasias, ingerir bebidas alcoólicas, etc. Segundo o regimento interno da FMIt, os veteranos que descumprirem essa determinação estão sujeitos à expulsão da faculdade. Essa humilhação fantasiada de ritual foi substituída pelo chamado "trote beneficente", que, sob o comando do

---

1 Embora essas situações fossem comuns em um passado recente – e embora em Itajubá não haja registro de problemas mais graves ligados aos trotes –, elas eram constrangedoras e até mesmo potencialmente perigosas. Sob o pretexto de promover a integração entre veteranos e calouros, os trotes acabavam fomentando situações de humilhação, dor e constrangimento, para não falar em racismo, machismo e homofobia, que muitas vezes deixavam marcas profundas em suas vítimas. Quando essa tradição ainda existia, não passava um ano sem que a imprensa publicasse casos de calouros feridos (com ácido, por exemplo), ou mesmo mortos (em decorrência do uso de substâncias tóxicas ou de acidentes como afogamentos, por exemplo). Também não eram incomuns os casos de abuso sexual.

Rituais semelhantes ao trote são uma tradição universal e antiga. Na Idade Média, por exemplo, as roupas dos calouros eram queimadas e seus cabelos raspados como forma de evitar a propagação de doenças, algo compreensível no contexto medieval. De ritual com propósito e destinado a integrar turmas diferentes, no entanto, o trote foi se tornando simplesmente uma forma de exercício de controle e humilhação dos mais fracos pelos mais fortes. Foi só depois da morte por afogamento de um calouro de medicina, em 1999, que a sociedade começou a discutir com mais seriedade o trote universitário. Dessas discussões, começaram a surgir leis municipais e estaduais para regulamentar o rito.

Diretório Acadêmico (DA),[2] arrecada alimentos, roupas e brinquedos, que são então doados a uma instituição beneficente da cidade[3].

Sorte! Tive um professor de matemática no cursinho, em Ribeirão, que dizia que sorte é atributo do competente. Discordo um tanto dele: acredito em sorte mesmo. Veja se você me dá razão: na fila da matrícula, já perto da secretaria, encontrei o Luís Sérgio (apelido Pico). Começamos a conversar e, surpresa, ele vinha de uma cidade vizinha à minha, Três Pontas – aliás, cidade também de ninguém menos que Milton Nascimento. Ali mesmo veio a ideia de montarmos uma república – era, e ainda é, comum um grupo de estudantes morar junto e dividir os custos, como se a moradia fosse um pequeno Estado, uma república, com um regime democrático e regras próprias, estabelecidas com a concordância e colaboração de todos os moradores. De fato, o objetivo principal dos estudantes ao montar uma república é dividir despesas e poder economizar. Mas as repúblicas também são ótimas maneiras de fazer grandes amigos. Não é incomum que nossos amigos de república nos acompanhem por toda a vida – eu, por exemplo, tive essa sorte. Viver de forma coletiva, porém, requer responsabilidade e maturidade. É importante saber dividir tarefas e respeitar o espaço dos outros moradores. Vale a regra de ouro: não faça com os outros o que não gostaria que fizessem com você.

---

2 Os Diretórios Acadêmicos são associações estudantis que têm como objetivo discutir soluções para problemas do curso (por exemplo, questões relativas a professores e ao currículo), representar os estudantes em órgãos colegiados, além de organizar eventos, palestras, melhorias em laboratórios, etc., receber os calouros, organizar confraternizações e fiscalizar a faculdade.

3 Portanto, embora não exista uma lei nacional específica sobre o assunto, muitos estados, municípios e instituições já têm suas próprias leis. Bem depois da resolução da FMIt, o próprio estado de Minas Gerais aprovou uma lei específica sobre o assunto, em 2014. Mas não é porque não existe uma lei nacional sobre o tema que o trote está liberado: os atos praticados nos trotes podem configurar infrações previstas em alguns artigos do Código Penal, como lesão corporal, injúria, ameaça, constrangimento ilegal, estupro, racismo, etc. Além disso, as instituições de ensino também podem ser responsabilizadas pelos trotes abusivos com base no Código de Defesa do Consumidor. Também cabe indenização por danos morais aos alunos que se sentirem lesados. Sem dúvida, um incentivo a mais para as instituições de ensino se preocuparem com o assunto e com a conduta dos seus alunos.

Como desde BH eu já morava com outros estudantes, estava bem treinado na convivência com pessoas diferentes. Certamente, o impacto para quem acabou de sair da casa dos pais é maior. Nós dois queríamos nos dedicar aos estudos, e, como as repúblicas estudantis são famosas pelas festas homéricas, não queríamos entrar em qualquer uma. Queríamos fundar uma república "tranquila", onde pudéssemos estudar sem barulho e sem distração.

Quando descobrimos que vínhamos de cidades vizinhas, Pico lançou a pergunta: "Aproveitando que somos vizinhos: você já tem com quem morar? Eu queria morar com pessoas mais tranquilas, mais a fim de estudar. Você topa?". Minha resposta foi um sonoro "sim". Depois, descobrimos ainda que Pico era parente de conhecidos dos meus pais. Muita coincidência.

Conseguimos mais dois colegas que também concordaram com essa proposta para morar conosco, mais um mineiro e um paulista: Maurício, de Patos de Minas, e José Aníbal, de São Paulo. José Aníbal, filho de um psiquiatra (o doutor Gilberto) que também se tornou psiquiatra, é um grande amigo até hoje e esteve comigo em momentos importantes da minha vida, como quando conheci minha esposa. O doutor Gilberto, por sua vez, foi uma influência importante no desenrolar da minha carreira (mais adiante falarei sobre isso).

E assim, durante os seis anos seguintes, nós quatro moramos juntos, com muito respeito e construindo uma grande amizade que dura até hoje, apesar de ser difícil nos encontrarmos, pois cada um seguiu um caminho diferente. Depois de formados, Luis Sérgio e Maurício voltaram para suas cidades, Três Pontas e Patos de Minas. Tenho ainda a felicidade de me encontrar, de vez em quando, com o Aníbal aqui em São Paulo.

Optamos por morar em uma área mais residencial, onde não era tão comum, e muitas vezes nem mesmo permitida, a presença de estudantes (baderneiros, como alguns chamavam – com toda a razão, em alguns casos). Seguindo a proposta da nossa república, e pelo fato de morarmos em uma zona residencial, nos conformamos com o fato de que as festas ocorreriam só nas casas dos amigos. Mas, em compensação, talvez por nosso bom comportamento, éramos paparicados pela vizinhança. Tínhamos prioridade nas vagas da garagem e volta e meia nos mandavam um bolo ou o tradicional doce da região, o pé de moleque.

Isso ocorria porque, nas cidades pequenas, o curso de medicina ainda guarda um certo *status*. Então, apesar de ainda estarmos no primeiro ano, bastava colocar o jaleco que alguns já nos chamavam de doutor, um título que absolutamente não merecíamos ainda. A deferência à figura do médico, que é visto quase como um ser sobrenatural por algumas pessoas, é o que provoca esse efeito, algo especialmente verdadeiro entre os mais humildes. Como a medicina é uma profissão muito prestigiada, é fundamental que o médico pratique a humildade, sabendo reconhecer seus limites e sem se deixar levar pela arrogância. É importante que o médico saiba que não é único dono da verdade. Não deve impor condutas ao paciente como se fazia no passado. O médico deve atuar como orientador, mas, em última análise, a decisão é do paciente, que tem autonomia sobre seu próprio corpo.

Eu não era o mais extrovertido da turma, mas sempre me relacionei bem com todos. Como a faculdade nos dividia em grupos segundo a ordem alfabética para as disciplinas de laboratório, e como a convivência com esse grupo era muito próxima, intensa e frequente, esses grupos acabavam virando panelas. Graças à letra inicial comum de nossos nomes, "J", tive a felicidade de ficar no grupo do José Aníbal, como já disse, meu grande amigo até os dias de hoje.

Nós acertamos ao buscar uma república "tranquila", onde podíamos focar nos estudos: o tipo de república onde cada aluno morava tinha uma grande importância no seu ritmo de estudo. Era difícil estudar em repúblicas que contavam com videogame, por exemplo. Em outras reinava um ar de "tudo pode" que logicamente não favorecia muito a concentração. Na maioria delas, havia muitas festas. Em duas delas, os moradores arrancaram as duas portas de serviço dos apartamentos, unindo as duas repúblicas. (Os proprietários dos apartamentos devem ter adorado.) Nessa mesma república, cortaram um pedaço do sofá e o colocaram em cima da privada – criando o proverbial "trono". Deixo para o leitor a pergunta que não quer calar desde que vi a invenção: como limpá-la?

Na nossa casa, o esquema era outro. Nossa rotina era bem tranquila, e cada um de nós era responsável por uma atividade: fazer as compras, pagar as contas da casa, fazer a gestão da empregada, pagar o aluguel, entre outras. Pensando hoje, algo parecido aos ministérios de uma república, mas sem as mordomias. Durante os seis anos em que moramos juntos, nessa mesma república, convivemos pacificamente, sem desentendimentos sérios – um sinal claro de que nossa "democracia" funcionava. Quando você fica longe da família durante tanto tempo, acaba criando com as pessoas com as quais convive diariamente uma nova família, porque esse é um convívio muito intenso. Além disso, tocar uma casa nessa idade é um grande aprendizado. Dividir tarefas, pagar as contas, comprar comida... Acabamos ficando mais responsáveis e ganhamos autonomia. Então, é claro que sair da casa dos pais dá saudades, mas quem faz faculdade na cidade natal acaba perdendo essa experiência. Mais uma vez, são as escolhas da vida. Impossível ter tudo ao mesmo tempo.

Na maioria das vezes, íamos de carro para a faculdade. Cada um no seu, claro – algo que pode soar quase criminoso nos dias de hoje, já que as distâncias eram pequenas e poderiam ser percorridas até mesmo em uma caminhada ou de bike, caronas ou compartilhamento de carros, bem comuns, felizmente, hoje em dia. No entanto, é bem fácil ser engenheiro de obra pronta ou falar atualmente, quando a maturidade conquistada depois de tantos anos de vida é uma lanterna com foco bem potente.

Mas naquela época, aos 18 ou 19 anos, e em plena década de 1990, sustentabilidade era a última coisa nas nossas cabeças. Era um prazer quase inenarrável ter o seu próprio carro, ir para a faculdade sem depender de ninguém, com o jaleco no banco de trás, pensando em "fazer moral" com as gatinhas. Acredite: risadas e alguns micos à parte, essa necessidade de validação e preocupação com as aparências passa. As coisas que aprendemos e que têm verdadeira importância (a solidariedade, o cuidado com o outro) vão se conectando e fazendo sentido ao longo do tempo, e quando você vê suas prioridades mudaram. Ter seu próprio carro para fazer um trajeto de 2 km não parece mais razoável. Deixa de ser interessante "fazer moral" com quem quer que seja. Outras preocupações mais legítimas vão surgindo – com o planeta, por exemplo –, e a vaidade pela vaidade vai se dissipando.

Nem preciso falar que a diversão número um eram as festas e as noitadas, apesar dos churrascos também serem frequentes. Além das festas nas repúblicas dos amigos, o DA da faculdade tinha sua própria balada, localizada dentro do *campus*, chamada Albatroz, que funcionava como bar e boate. O Albatroz já nasceu junto com a faculdade. A boate trazia renda para o DA e, com o dinheiro arrecadado, o DA promovia cursos, semanas temáticas, congressos, compras coletivas de livro, etc. Minha turma foi muito engajada no DA, embora eu não tenha querido fazer parte da diretoria quando tive a chance. Depois, porém, me arrependi. Achei que seria uma grande dor de cabeça entrar para o DA e preferi não entrar, curtindo só as baladinhas. Só que depois, do alto dos meus 19 anos, comecei a achar que teria sido legal pelas regalias e porque era *cool*. Então, depois das eleições, decidi entrar para o DA, mas já era tarde demais. Foi aí que me deram o título honorário de "amigo do DA", que me permitiu aproveitar o lado bom das coisas, mas também trabalhar muito – me dediquei mesmo assim. Foi nossa gestão que conseguiu levar uma edição estadual da Intermed, os jogos universitários dos estudantes de medicina, para Itajubá, em 1997 ou 1998. Resgatando meu passado esportivo, joguei tênis, mas, em razão do longo tempo parado, definitivamente não tive uma *performance* digna de Ivan Lendl, meu ídolo de infância.

Vale aqui um destaque: uma das oito faculdades de Itajubá é a Efei, Escola Federal de Engenharia de Itajubá, maior rival da FMIt, embora se tratasse de uma rixa não declarada. Rivalidade que alcançava também o campo da diversão: se nós tínhamos o Albatroz, eles tinham também um bar bem famoso, o Bar Cultural, que era gigante e cujo movimento já começava na quinta-feira, enquanto o Albatroz só abria às sextas-feiras e aos sábados. As sextas-feiras e os fins de semana, portanto, eram dias de "baladinha" no Albatroz. Embora uns frequentassem o espaço dos outros, a relação não era lá muito fluida, e vez ou outra uma turma sabotava a festa alheia. Uma vez, por exemplo, fizemos um evento "extra" na quinta-feira e acabamos roubando o público do Bar Cultural. O pessoal da Efei, muito irritado, foi até o Albatroz e atirou uma pedra com um fio desencapado no poste que alimentava nosso bar. Resultado: o fio de cima ligou no de baixo, a energia caiu e foi o fim da balada. Na maioria das vezes, entretanto, havia diversão de sobra para todos.

A sensação de ter uma balada "nossa", que era o que sentíamos no Albatroz, era incrível. Lá tínhamos conta no bar, podíamos pedir música e não nos sentíamos julgados. Ao contrário, a sensação era de aconchego, conforto e acolhimento, como se fosse a casa de alguém da família. No fim da semana de provas, era no Albatroz que nos encontrávamos para espairecer, relaxar.

As aulas do primeiro ano foram bem puxadas, mesmo para quem havia saído de um cursinho pré-vestibular. O período integral e algumas disciplinas aos sábados começaram a dar o tom do que alguns chamam de "sacerdócio da medicina". Assim como um padre, um médico precisa ter qualidades como dedicação, solidariedade, fraternidade, altruísmo e espírito humanitário. Também assim como um padre, um médico precisa zelar pela confidencialidade das informações que obtém com o paciente. Toda essa dedicação muitas vezes significa fazer sacrifícios, como abrir mão de horas de lazer, sono e mesmo convivência com a família.

Como disse Hipócrates, "onde há amor pela humanidade, há amor pelo ato da medicina".

Ou seja, da mesma maneira que um padre precisa ter vocação para ser padre, pois toda a vida dele vai girar em torno da batina, o mesmo acontece com o médico: o grau de dedicação necessário já na faculdade de medicina mostra que essa é uma profissão para os vocacionados, para os que realmente "amam a humanidade", nas palavras de Hipócrates.

(Abrindo um parêntese: Hipócrates, para quem não sabe, foi um médico grego do século IV a.C., hoje considerado por muitos como o pai da medicina moderna. Isso porque foi ele o primeiro a descartar as explicações supersticiosas que os sacerdotes davam para as doenças, preferindo utilizar um método científico de pesquisa para estabelecer as causas dos males humanos. Então, apesar de muitas das suas teorias estarem erradas – o humorismo, por exemplo, segundo o qual a manutenção da vida resultava do equilíbrio de quatro humores corpóreos, o sangue, a fleuma, a bílis amarela e a bílis negra –, ele foi o primeiro a utilizar o método da observação e da pesquisa empírica na medicina. Ele também é o autor do "Juramento de Hipócrates", que todo aluno de medicina faz quando se forma.)

As aulas mesclavam parte teórica e parte prática – as minhas preferidas eram as disciplinas práticas, principalmente anatomia. Isso porque logo que entramos na faculdade de medicina já queremos ser médicos, o que significa ter contato com os pacientes, mas isso é algo que, no currículo antigo, que estava em vigor quando eu cursei a faculdade, demorava um pouco para acontecer. Hoje, depois de uma reforma curricular, isso mudou. Naquela época, porém, era nas disciplinas práticas que a medicina se materializava para nós, calouros. Contato com pacientes mesmo, só no quarto ano.

Naquele comecinho, então, as aulas mais marcantes eram sem dúvida as de anatomia e bioquímica. O estudo por meio de cadáveres era empolgante, mesmo nos causando certos medos e receios por causa da aids. Naquela época, a aids ainda estava cercada de incertezas, e uma delas era quanto às formas de contágio. No primeiro ano do curso, liderei um grupo que, com a ajuda da minha tia Lia (aquela que era professora de ciências biológicas na Universidade Federal de Minas Gerais), buscou entender melhor se o formol que conservava as peças anatômicas (as "partes" do cadáver) neutralizava ou não o vírus HIV de algum eventual cadáver contaminado. Os resultados da pesquisa nos permitiram entender que, sim, o formol neutralizava o vírus, de modo que um cadáver contaminado não colocaria os alunos em risco. Hoje, algumas escolas já usam modelos 3D, o que torna dispensável o uso de cadáveres nas aulas de anatomia e de animais nas aulas de técnica cirúrgica.

Então, sem o medo da aids, as aulas de anatomia seguiram em frente. Era muito interessante e gostoso já ter a sensação de mão na massa, embora estivéssemos ainda no primeiro ano. O mesmo valia, de certa forma, para as aulas práticas no laboratório de bioquímica. O professor era um ícone da FMIt, tinha uma ótima didática, mas o que se destacava mesmo era a figura dele: baixinho, na casa dos 55, 60 anos, com bochechas vermelhas de hipertenso mal-controlado, irônico, sarcástico, mas com cara de sério. Uma peça rara.

Um dia típico na faculdade ia mudando com a evolução do curso, mas algumas coisas persistiram durante os seis anos. Por exemplo: durante todo o curso, tivemos aulas em período integral, o que significava acordar muito cedo todos os dias. Embora o prazer de andar de carro fosse enorme (e eu sempre ia dirigindo quando estava atrasado, claro), também era gostoso ir à faculdade caminhando (o que levava uns trinta minutos). Como a região é montanhosa, as manhãs em Itajubá são muito frias. No primeiro ano chegou a fazer 0 °C, com sensação térmica negativa. Eu gostava de tomar meu café da manhã na lanchonete da faculdade, sempre vitamina de frutas e pão de queijo.

Após as aulas da manhã, o almoço era sempre nas proximidades da faculdade. Depois vinham as aulas do período da tarde. Quando tinha ido caminhando, conseguia voltar para casa de carona com algum amigo. Ao chegar, sempre tínhamos de estudar, mas ainda sobrava tempo para relaxar, fazer ginástica na academia. Ou então íamos até o centro da cidade comer a famosa coxinha do Vadinho, de frango com catupiry. Nas arborizadas avenidas da cidade, era possível também fazer caminhada e corrida. A melhor época era a do horário de verão, quando podíamos aproveitar mais.

Uma coisa complicada no começo da faculdade foram as provas orais. Eu não estava acostumado com elas e precisei me esforçar para pegar o jeito. E elas eram muitas! Uma vez, lembro que fazia muito frio e estávamos estudando em grupo para a prova de neuroanatomia. Precisávamos decorar oito conexões e, como estratégia mnemônica, tínhamos combinado de estudar cada conexão na casa de um amigo diferente. Fizemos uma maquete de isopor e alfinetes, e lembro-me que tínhamos de andar de casaco, levando os conectores de um lado para o outro. Talmo, um colega nosso da cidade de Passos que se especializou em ortopedia, chegou para mim na véspera da prova dizendo: "João, decorei sete conexões. Faltou a de número oito. Não vai dar tempo de decorar essa, vou assim mesmo".

No dia seguinte, na prova oral, exatamente como manda a infame lei de Murphy, diz o professor para o Talmo: "Talmo, então descreva a conexão número oito".

Talmo ficou com o rosto todo vermelho e respondeu: "Eu sei as sete primeiras. Vou falar as sete". Quando terminou de falar, jogou um monte de papéis no chão e saiu da sala. Tirou 7,5.

Ao longo de toda a faculdade e quando o internato começou, sentia que estava no caminho certo e nunca duvidei da minha escolha. Para além das questões mais práticas de uma faculdade – as aulas, as provas, os trabalhos, etc. –, que, apesar de demandantes, são muito parecidas com as que qualquer aluno enfrenta no ensino superior, a faculdade de medicina tem um diferencial que exige ainda mais do aluno: aos 18 ou 19 anos, ele já começa a conviver com questões relativas à vida e à morte, algo que não acontece em nenhuma faculdade fora da área da saúde.

E esse é um aprendizado que exige muito do futuro médico, mas é necessário para quem faz a escolha por essa profissão (ou, como já vimos, sacerdócio. Aliás, o convívio com a morte é mais um dos paralelos que podemos traçar entre o padre e o médico).

Esse aprendizado relativo à vida e à morte vai se aprofundando ao longo da faculdade com o contato com os pacientes, que vai crescendo gradualmente. Se até o terceiro e o quarto anos as principais disciplinas que cursamos foram básicas (e, portanto, nos mantínhamos mais concentrados nas aulas, provas, trabalhos, etc.), era no quinto e sexto anos que isso mudava, com o internato no Hospital Escola. Tínhamos ainda uma ou outra aula na faculdade, mas todas as outras aconteciam já no hospital. Íamos para o hospital logo de manhã e passávamos o dia todo lá. Fazíamos também alguns plantões noturnos. O contato com os pacientes era muito intenso. Tratava-se de uma clara mudança de patamar. Além do professor, éramos orientados também pelos preceptores, nome que recebem os assistentes dos professores, que fazem tutoria para os alunos. É com o internato que ampliamos e consolidamos os conhecimentos que adquirimos nos primeiros quatro anos de curso na experiência do dia a dia, atendendo pacientes. O internato é fundamental para o médico aprender a se relacionar com ética e humanidade com o paciente, sua família, outros médicos, etc.

Acho que a minha primeira grande experiência com a morte foi acompanhando um plantão na Santa Casa de uma cidade vizinha a Itajubá. Tratava-se de uma atividade extracurricular, um estágio oriundo de uma parceria entre prefeituras. Éramos sempre acompanhados por um tutor, e, apesar de não atuarmos diretamente com os pacientes, era uma boa oportunidade de aprendizado. Ajudei a atender uma freira de mais de 90 anos que estava morrendo. Eu achava que deveríamos medicá-la, adotar todas as condutas disponíveis para postergar a morte dela, estender a vida. Na ansiedade por poder fazer alguma coisa, lembro de ter discutido longamente com o tutor: por que não fazer isso, por que não fazer aquilo? Me questionei muito sobre por que algumas vezes a melhor opção é simplesmente respeitar o curso natural da vida. O médico sempre é forjado para intervir, curar, mas bem cedo é necessário entender que as coisas têm limite, que existe um ciclo, e que muitas vezes o importante é o cuidado. E o cuidado pode ser diferente em diferentes momentos do ciclo da vida humana. No caso da freira, rebatia o professor, será que com tudo aquilo que eu achava que deveríamos fazer eu estaria fazendo por mim ou por ela? Para "salvá-la" da morte, ou para apaziguar minha dificuldade de aceitar a morte? Naquele dia me caiu uma ficha muito importante: é preciso aceitar o processo natural de morte, oferecer conforto ao paciente, tanto para suas dores físicas quanto emocionais, reconhecer nossos limites como profissionais e seres humanos.

Talvez essa dura experiência tenha sido uma das sementes para que eu me aproximasse do conceito de humanização. E foi no internato, nas aulas do professor de clínica médica Afonso Carlos da Silva e com a preceptora Rachel, que tive minhas primeiras e longas discussões sobre a finitude da vida e a importância de sempre se colocar o paciente, e não somente suas enfermidades, no centro do cuidado. O silêncio, a escuta, o toque eram, muitas vezes, mais poderosos que o antibiótico de última geração. Trata-se de algo muito bem expressado no quadro *The Doctor* (*O médico*, em tradução livre), de *sir* Luke Fildes. A obra de 1891, em exposição na Galeria Tate, em Londres, foi inspirada na morte do filho de 1 ano do pintor, no dia de Natal de 1877, e pela devoção profissional do médico que lhe deu assistência. O quadro mostra uma criança pequena desfalecida, estirada sobre duas cadeiras de cozinha. Ao seu lado, com os olhos fixos nela, está o médico. O ambiente é simples, até mesmo pobre. Em segundo plano, o pai observa a cena, enquanto a mãe chora, com a cabeça sobre uma mesa. O que mais chama atenção no quadro é a expressão do médico e sua atenção à criança. É esse olhar atento ao paciente, e não às suas doenças, que um bom médico deve ter.

A faculdade chegava ao fim. Aqueles foram seis anos de bastante estudo, churrascos, baladas e muito frio na região da serra da Mantiqueira. Veio a formatura e um diploma. Na bagagem, sessenta amigos, aprendizados e algumas histórias.

CAPÍTULO 4

"PAI, ESTÁ MELHOR?"

Foi no quinto ano da faculdade que tive o primeiro dos grandes baques da minha vida, daqueles que ressignificam tudo aquilo já passamos ou que já ouvimos falar sobre sofrimento: a perda do meu pai.

"Pai, está melhor?", eu perguntava ao telefone diariamente. Ele tinha feito um tratamento com antibiótico para uma possível pneumonia que não melhorava. O quadro era de febre noturna e emagrecimento. Tinha também alguns nódulos pelo corpo. Para mim, "quase médico", aquela era uma situação desesperadora. A emoção me fazia apelar para o diagnóstico de uma doença infectocontagiosa, como a tuberculose, que poderia ser curada com a ingestão de alguns comprimidos durante seis meses. Mas a razão trazia a hipótese mais sensata (e muito mais terrível): uma doença linfoproliferativa. E era isto mesmo: um linfoma, câncer do sistema linfático, que o levou aos 51 anos.

Certamente, com o avanço dos tratamentos, hoje ele teria a chance de estar vivo, e, senão curado, pelo menos com chances de estar com o câncer bem controlado, como uma doença crônica. Mas não foi isso o que aconteceu.

Quem já passou por algo semelhante sabe que, quando alguém da família tem câncer, a família toda fica doente. Depois do diagnóstico, o câncer passa a ocupar o primeiro plano da vida de todos.

Casamento, filhos, trabalho – e faculdade, no meu caso –, tudo passa para segundo plano. Quando digo que "a família toda fica doente", quero dizer que a vida de todos os envolvidos é afetada, sai dos trilhos.

Os familiares de um doente de câncer enfrentam questões emocionais dificílimas e mesmo cruéis: a incerteza (na melhor das hipóteses), a perda iminente de um ente querido (na pior), o luto por antecipação, a dificuldade de testemunhar o sofrimento de alguém querido sem poder fazer nada para aliviá-lo, a sensação de impotência, de estar abandonado à sorte. Essas, porém, muitas vezes são eclipsadas pelas questões práticas que precisam ser cuidadas: buscar ou não uma segunda opinião? Quais as opções de tratamento? Qual delas escolher? Quais os efeitos colaterais? Quais as chances de sucesso? O que pode dar errado? O plano de saúde vai cobrir todas as despesas? Que adaptações de alimentação e instalações é preciso fazer para acolher esse paciente? Quem ficará responsável pelos cuidados? Contratar ou não um cuidador? Como arcar com todas essas despesas? Como arrumar tempo para lidar com tudo isso?

As demandas são muitas, e é particularmente difícil dar conta delas durante um período em que nossa própria dor emocional nos derruba, nos tira de combate. Muitas vezes, é preciso tirar de cena o próprio sofrimento (e mesmo revolta) para ter condições de enfrentar o lado prático do problema. Além de tudo isso, é fundamental auxiliar o próprio doente com as suas questões emocionais, pois ele precisa ser visto como um todo, não somente levando em conta o lado físico. Existem pesquisas que mostram uma forte correlação entre câncer e depressão, e a combinação dessas duas enfermidades pode deixar o paciente ainda mais vulnerável. A identificação e o tratamento adequados podem ajudar, mas vale lembrar que o acolhimento e a escuta também fazem parte do cuidado.

Não por acaso, a definição de saúde, segundo a Organização Mundial da Saúde, é o estado de completo bem-estar não só físico, mas também mental e social. Quando surge alguém com câncer na família, todos à sua volta podem ser considerados doentes. Embora os familiares dos doentes não estejam fisicamente doentes, eles entram em profunda dor emocional. Lidar com a morte, na nossa cultura, é sempre difícil. Mas lidar com a morte anunciada é um dos maiores desafios do ser humano. O sofrimento por antecipação e as incertezas atingem de formas diferentes, e em momentos diferentes, o doente e seus familiares. É um pesadelo que parece não ter fim. E, frequentemente, o único fim plausível – a morte –, nós não queremos que chegue nunca. Começa a ficar difícil avaliar o que é pior: o prolongamento da doença sem perspectiva de melhora ou a morte.

Pensando naquela época, os acontecimentos parecem envoltos em névoa. Felizmente, nossas mentes esquecem muitas coisas, não nos deixam mais evocar. Conversas, rotinas se perdem da memória. Permanecem algumas cenas, desconexas, isoladas. Às vezes não passam de sensações. Um olhar num momento difícil. As pequenas e passageiras vitórias ao longo do tratamento. O medo dos exames, o medo da morte. O silêncio em momentos de incerteza, a percepção de que é impossível seguir o doente até onde ele está. A avassaladora consciência da transitoriedade humana. Essas cenas e sensações levamos conosco (para sempre, talvez?), e nelas se condensa tudo aquilo que sentimos, que tememos, que vivemos ao atravessar o câncer ao lado desse familiar amado.

Para mim, uma das cenas que mais me marcaram foi a expressão de espanto, dor e angústia estampada no rosto do meu pai quando ele foi fazer uma das primeiras biópsias. Prometi para mim mesmo que, como médico, faria o meu melhor para que ninguém mais no mundo passasse por uma situação semelhante. Sei que "ninguém mais no mundo" é um sonho muito grande, mas a minha dor ao ver a dor do meu pai conferia legitimidade ao meu sentimento. Ver essa expressão no rosto de uma pessoa querida e não poder fazer nada é muito difícil. A experiência com o câncer sempre nos coloca diante da nossa impotência, nossa falta de controle sobre a vida.

Depois que o resultado da biópsia confirmou o câncer, vieram as sessões de quimioterapia. Mas o emocional do meu pai faleceu antes do corpo. Todas as terças-feiras a rotina se repetia: exame de sangue para saber se era possível receber a quimioterapia; se sim, ele permanecia na clínica para receber a medicação antialérgica e depois as drogas contra o câncer, o que levava algumas horas. Quando o exame vinha ruim, ele não era medicado e voltava para casa. É difícil decidir o que era pior: os efeitos colaterais da medicação quando ele podia recebê-la, ou, ao voltar para casa sem ela, o olhar tão vago que parecia que ele estava deixando para trás mais um pedaço da vida dele. Cheguei a acompanhar algumas sessões de quimio e tentei manter um pouco da rotina na faculdade, para "fugir" daquele sofrimento. Eu tinha 24 anos, e, pelo curso natural dos acontecimentos, a probabilidade de eu me tornar o homem da casa aumentava a cada dia.

Minha mãe foi sempre uma guerreira ao lado dele, assim como toda a minha família. Minha irmã, aos 21 anos, era só choro comigo ao telefone. Foi consenso na época que eu não deveria parar a faculdade. Usava minhas folgas para ir vê-lo. Fazia a barba dele nessas ocasiões. Mas me sentia desprotegido pelo estudo e pelo acesso ao conhecimento. Passei a estudar profundamente tudo o que acontecia com ele e discutia o caso com professores de algumas áreas em busca de uma possível solução. Nesses casos, muitas vezes a "ignorância" dos leigos ajuda a manter a esperança.

Embora os sintomas físicos do meu pai sempre tenham sido bem controlados durante o tratamento, que durou pouco menos de um ano e meio, o lado da emoção, mesmo com a ajuda de alguns medicamentos, sofreu uma queda sem tamanho, uma espiral descendente que só piorava. Percebi, e levei comigo, a importância de um atendimento que se ocupasse também dos aspectos emocionais do ser humano, não apenas dos físicos. O tratamento do câncer precisa ser multidisciplinar: é preciso apoiar a família e os cuidadores e tratar das emoções e temores que o câncer suscita (medo dos efeitos colaterais, da incerteza da cura, medo da morte, medo de sofrer, medo da solidão, etc.). O paciente com câncer se beneficia muito da psicoterapia e também de grupos de apoio.

Como sempre na vida, saber que não somos os únicos a passar por determinado problema pode ajudar bastante. Estar atento a essas questões, tratando o paciente de forma integral, e não somente como o portador de uma doença, é o que um médico preocupado com a humanização no atendimento pode fazer. É preciso oferecer ao paciente alternativas para lidar também com sua dor emocional. Essa foi uma lição que aprendi com a doença do meu pai.

O paciente na sua condição de ser humano – e não a sua doença – é que deveria ser o centro da atenção e do cuidado médico. Ana Claudia

Quintana Arantes, médica geriatra e especialista em cuidados paliativos, autora do livro *A morte é um dia que vale a pena viver*, diz que, ao contrário do que se costuma dizer, a medicina tem muito a oferecer aos pacientes que estão no fim da vida. A doença segue seu curso, e isso gera o que chamamos de intempéries, que são níveis diferentes de sofrimentos (pois não há um sofrimento único). Ela os divide em cinco tipos: 1) físico, que precisa ser aliviado com urgência; 2) emocional – medo, culpa, abandono, solidão, angústia, arrependimento; 3) familiar – como eu disse há pouco, a família adoece junto com o paciente e, após sua morte, vai precisar lidar com o "buraco" que ele deixará; 4) social – perda de papéis sociais, dificuldades profissionais, aspectos práticos do adoecimento; 5) espiritual – relativo à essência do que é ser humano, é a busca pelo sentido da vida. E todos esses níveis de sofrimento precisam ser cuidados. Quando o médico fica frustrado porque um tratamento não deu o resultado desejado, isso fica estampado em seu rosto, e o paciente se sente condenado. Mas, em vez de focar na doença, é preciso focar no ser humano, entender que aquela pessoa não tem tempo a perder e precisa ser considerada em toda a sua singularidade. O que de melhor se pode fazer por um paciente terminal é ouvi-lo. Quando a morte é anunciada, existe a chance de redimensionar a própria existência, e é uma grande sorte ter alguém que faça esse percurso ao nosso lado. O médico, portanto, precisa tirar de seu foco a doença e colocar no centro do cuidado o ser humano, estabelecendo com ele uma relação de parceria e apoio, para que ele possa viver esse processo sem dor. Assim, é possível pedir perdão e perdoar, se reconciliar, se despedir, agradecer. Em outras palavras, entender sua existência de um modo que ela faça sentido. Quando nos libertamos do sofrimento físico, do medo, da culpa, da solidão, do abandono, ficamos livres para encontrar o sentido de nossas vidas. O que um paciente no fim de sua vida precisa é de um profissional que se comprometa com ele e coloque como prioridade aquilo que ele determinar. Quando isso acontece, a essência da vida humana – a amorosidade – pode expressar-se.

Durante parte desse processo, procurei a ajuda de um psiquiatra e comecei a fazer psicoterapia. O que passava pela minha cabeça não era só um luto antecipado, e sim sentimentos de injustiça e revolta. Por que eu? Por que meu pai? Como eu poderia perder meu pai tão cedo? Essas perguntas eu nunca saberei responder. Apesar do meu treinamento para enfrentar situações difíceis, naquele momento era muito duro lidar com a vida real e ser gente grande para encarar o que estava acontecendo.

Nossa única esperança era que a medicação conseguisse matar as células ruins para que depois ele pudesse fazer um transplante de medula óssea. No caso dele, porém, não chegamos nem perto disso. O trauma me protege da lembrança das datas exatas. Em 2018, a morte dele completou vinte anos.

Minha irmã foi quem me deu a notícia. Eu estava em aula, e sabia que algo mais sério e grave poderia acontecer a qualquer momento. O celular tocou, atendi e ela me disse: "Nosso pai descansou". Quando cheguei a Campos Gerais, nem queria que ele fosse velado, queria que ele fosse enterrado rapidamente. O sentimento de tristeza era grande. A duras penas, precisei entender que certos rituais são necessários.

Minha mãe conseguiu dar conta dos negócios do meu pai com a ajuda dos meus tios até que eu terminasse a faculdade. O braço direito do meu pai continuou cuidando do escritório de contabilidade, e minha mãe conseguiu tocar a fazenda de café. No dia da formatura, levei nas mãos uma caixa de pétalas de rosa em homenagem a ele. Esse foi um fato que modificou minha trajetória. Depois de enfrentar a doença e o luto por uma pessoa amada, nós deixamos de ser quem éramos antes. Repensamos nossas escolhas, nossa trajetória, nossa ação no mundo, nossas relações humanas. O luto é um momento de uma profunda reavaliação de tudo que veio antes, de tudo que tínhamos como certo.

Para mim, o que ficou na bagagem foi a sensação de apequenamento na doença. Existe uma grande assimetria entre o doente e sua família e o sistema de saúde, mesmo no sistema privado. De um lado, dúvidas, medo, angústia, despreparo e muitas incertezas. Do outro, um sistema que por vezes parecia feito de processos e protocolos, e não de profissionais humanos. Naquela época, considerando o estágio em que estava o tratamento do câncer, dificilmente o desfecho da doença do meu pai seria outro. Só fico pensando na forma como os eventos aconteceram. Se tivéssemos recebido um cuidado integral, que nos considerasse também em nossa dimensão emocional, será que as coisas não teriam sido menos traumatizantes? Se tivéssemos percebido no atendimento médico menos protocolos e burocracia e mais personalização, será que o impacto da situação em nosso estado emocional não teria sido menor? Essas são questões que, com base em uma experiência profundamente pessoal e afetiva, me fizeram pensar e me ajudaram a moldar minha prática médica.

O professor e filósofo Mario Sergio Cortella, que eu tive o privilégio de conhecer pessoalmente há poucos anos, tem um livro cujo título me ajudou a concluir a reflexão na qual me lancei com essa experiência: *Qual é a tua obra?*. Bem, talvez ainda seja cedo para definir exatamente e exaustivamente qual é a minha. Afinal, fui atingido muito jovem pela morte do meu pai e ainda sou relativamente jovem. Meu caminho ainda está aberto, ainda está sendo traçado. Mas de algumas coisas eu tenho certeza: a minha obra passa pela busca do diálogo, da comunicação, da transparência e da verdade na prática médica. Passa por algum grau de consolidação das informações médicas de um paciente – um "paciente" precisa ser considerado em sua integralidade como pessoa. Ele é mais do que a soma das informações obtidas segundo uma medicina fragmentada em múltiplas especialidades e alguns egos. Minha obra passa certamente pelo cuidado integral da pessoa e de sua família, pelo reconhecimento de um modelo de medicina que valorize e promova a saúde e o relacionamento entre seres humanos (o médico e o paciente), não as doenças e os exames. O uso intensivo de tecnologia na medicina nunca será capaz de substituir o cuidado e a atenção humanos.

CAPÍTULO 5

~~DE MALA E CUIA PARA A TERRA DA GAROA~~

Dezembro de 1999. Chegada em São Paulo.

Confesso que sempre quis morar numa grande cidade, e aquela oportunidade me fascinava. Tudo era novidade, e o que poderia parecer incômodo para alguns me atraía e desafiava. A começar pelo barulho das marginais Tietê e Pinheiros, que não param nunca, 24 horas com movimento, vibração e ruídos constantes. Vida, gente que vai atrás do que precisa, do que quer. Aliás, esta, para mim, é uma das grandes marcas de São Paulo: acolher quem vem de fora munido de determinação e ideias na cabeça. É a cidade de "paulistas" baianos, cariocas, mineiros e gente de tantos outros estados, e também casa de muitos estrangeiros.

Mas por que escolhi morar em São Paulo? Na sua condição de maior metrópole do país, São Paulo desperta curiosidade, ocupa a imaginação de quem não mora nela como "o lugar" onde tudo acontece, onde se deve estar. De tanto pensar em São Paulo e imaginar como seria morar nela, acabei criando um vínculo com a cidade. Passei a achar que o melhor lugar para fazer minha especialização em clínica médica seria São Paulo, e simplesmente não tinha plano B, era São Paulo ou São Paulo. Por influência de meu amigo Aníbal e do pai dele, meu desejo era cursar clínica médica na Escola Paulista de Medicina, reconhecida pelo equilíbrio entre a parte acadêmica e a parte prática. Uma vez, ainda na faculdade, num passeio de carro, o doutor Gilberto, pai do Aníbal, me disse que, se eu quisesse seguir na área clínica, os melhores professores estavam na Paulista. E aquilo ficou na minha cabeça. No fim da faculdade, fiz a prova e... não passei! Mas fui para a Santa Casa, também uma ótima escola, ainda que mais focada na prática.

(Mas esse não foi o fim de minha história com a Escola Paulista de Medicina... Às vezes, criamos expectativas, idealizamos, queremos alguma coisa com tanta vontade que fazemos acontecer... não vou falar mais para não dar *spoiler*.)

E por que fazer clínica médica? Primeiro, uma breve explicação sobre a estrutura do curso de medicina. O estudante que conclui a faculdade de medicina (os seis anos "básicos") tem duas escolhas diante de si: parar de estudar ou fazer uma especialização. No Brasil, mais da metade dos formandos prefere continuar estudando. Se escolher fazer uma especialização, o médico pode cursar clínica médica ou cirurgia geral (ambas com dois anos de duração), que são áreas básicas e prerrequisitos para outros tipos de especialização.

A clínica médica é considerada uma das áreas bases da medicina, pois abarca conteúdos das diversas especialidades clínicas. E é justamente este um dos principais objetivos de quem a escolhe: você acaba sempre lendo e sabendo um pouco de tudo. O foco maior nessa especialização é a capacidade de diagnosticar, um pouco como o (doutor) House, do famoso seriado de mesmo nome – ainda que o seriado fosse um pouco sensacionalista, não deixava de mostrar o lado "detetive" do clínico geral: o paciente apresenta uma série de sintomas, e é o clínico que vai investigar o que pode estar acontecendo. Como entender o raciocínio por trás de um diagnóstico era algo que me atraía, optei pela clínica médica.

Diz o provérbio popular que quem tem padrinho não morre pagão. É verdade. Tive a sorte de ser acolhido muitas vezes na minha vida. E quando cheguei a São Paulo não foi diferente. Fui recebido aqui em São Paulo por um médico, da minha cidade natal, mais velho que eu (uns 40 anos, na época). Fiquei morando com ele por uns dois meses, até conseguir me organizar minimamente. Ele morava bem em frente à estação Parada Inglesa do metrô, na zona norte. Como eu gastava muito tempo me locomovendo, logo percebi que precisava me mudar para a região mais central da cidade.

Além de me acolher, ele também me ajudou a conseguir meus primeiros trabalhos. Isso porque, no começo da especialização, o médico ganha só uma bolsa bem magrinha para se sustentar. Mais para o final, começa a fazer plantões, e então o orçamento fica um pouco mais folgado. Mas, no começo, alguns bicos ajudam a incrementar a renda. Eu, por exemplo, fiz remoções de ambulância e exames médicos em clube – este último considerado bem interessante pelos médicos durante a especialização, porque quase não aparecia ninguém para ser atendido e dava tempo para estudar. Mais para o final, fiz plantões no santuário do padre Marcelo Rossi.

Aprendi também com esse médico um hábito que levei comigo: no fim do banho, colocava um óleo essencial em uma caneca, completava com água e jogava na cabeça. Ele dizia que, durante o banho, ficava pensando em mil coisas diferentes, preocupado com um monte de situações.

Aquele breve momento em que, no fim do banho, jogava sobre a própria cabeça a água perfumada era uma forma de se conectar com o presente. A sensação da água escorrendo pelo corpo, o cheiro do óleo essencial o trazia para o momento, mais ou menos como a famosa meditação com foco na atenção plena faz hoje em dia. Era também um exemplo de cuidado com o próprio corpo. Trazendo a mente e o corpo para o momento presente, ele oferecia a si mesmo um respiro dos problemas e da correria.

Por causa da distância e porque queria um espaço só meu, logo me mudei para um quarto na Vila Mariana (tinha que ser perto do metrô). Depois de alguns meses, aluguei um apartamento na Vila Clementino e fui morar sozinho. Fiquei nesse apartamento da Vila Clementino até ir morar com minha esposa, Joana (falarei mais sobre isso adiante).

A Santa Casa fica no centro da cidade. Minha rotina lá começava cedinho e terminava só no fim do dia. Fazia minhas refeições lá e muitas vezes passava a noite, já que tínhamos plantões noturnos no pronto-socorro. Como a Santa Casa é uma instituição de referência, recebe casos bem complexos, vindos de todo o Brasil. Assim, meus colegas e eu tivemos a oportunidade de ver casos bem complicados na prática.

No início, a revisão da disciplina de propedêutica, que oferecia os elementos básicos daquilo que experimentávamos na prática. O foco era aprender a entrevistar e examinar corretamente um paciente. Os professores que nos orientavam eram muito experientes, e aprendíamos diariamente a "ler" um paciente. Como aprendi lá, a própria maneira de um paciente caminhar já nos oferece algumas dicas sobre seu estado de saúde.

A ideia que permeou o curso ao longo de toda sua duração foi valorizar os pilares da medicina, e o maior deles é a atenção ao paciente. Com o foco na pessoa, tive a sorte de experimentar a medicina antes da explosão dos exames de imagem. A dependência excessiva de testes para fazer um diagnóstico hoje é um problema crônico da medicina. E, depois de algum tempo a febre dos exames chegou ao paciente: hoje, muita gente acredita que médico bom é aquele que pede muitos exames. Infelizmente, a rotina médica foi ficando viciosa, e não virtuosa.

Os exames para o apoio diagnóstico têm basicamente duas indicações: modificar a evolução natural de uma doença pegando-a no início, ou investigar a existência de uma doença depois de já ter alguma suspeita. Isso significa que muitos exames pedidos de rotina são desnecessários. O diagnóstico médico precisa ser assertivo sem dispender tantos recursos. Além disso, falta integração entre médicos de especialidades diferentes: o paciente vai a vários médicos, mas estes não se conversam, e muitas vezes o paciente acaba com vários pedidos de exame desnecessários, repetitivos, etc.

A Santa Casa foi literalmente uma escola! Tanto do ponto de vista técnico quanto do ponto de vista pessoal. Acho que uma das coisas boas de se estar num centro de excelência é poder contar com boas referências e bons exemplos. Aprendemos, muitas vezes, mais pelo que vemos do que pelo que ouvimos.

Além de ser uma das principais escolas de medicina do país, a Santa Casa tem um hospital central e alguns outros hospitais. Atende um volume gigantesco de pessoas e de casos diferentes, vindos dos mais diversos locais do país na esperança de receber um diagnóstico correto e um tratamento adequado.

Foi ali que aprendi também a dizer muitas vezes que a cura não existia... Situação dificílima. Ainda mais para quem sai da faculdade se sentindo poderoso, achando que tudo vai dar certo sempre, focado em curar doenças. Como aluno já vivenciava essa experiência, mas como médico foi bem diferente. Aprendi também que sempre se pode fazer algo para amenizar o sofrimento do paciente, e que a companhia silenciosa, às vezes, é mais potente do que muitas medicações.

Um bom exemplo é o caso de uma menina que veio trazida pelos pais do interior do Maranhão. Havia uma hipótese de que ela seria hermafrodita (possuiria os dois órgãos sexuais, feminino e masculino), mas que não se comprovou. Os pais a tratavam quase como um bicho. Não a inseriram na sociedade, o que suscitou nos médicos a possibilidade de que ela tivesse algum tipo de atraso ou alteração de desenvolvimento mental. O trabalho com ela, porém, nos mostrou que ela não tinha nada de anormal. Nesse caso, o problema todo era da falta de entendimento e socialização. Aprendemos a importância do trabalho multidisciplinar, ou seja, a dar o mesmo peso para profissionais diferentes. O médico pode ser o líder da equipe, mas não é maior nem menor que psicólogos, assistentes sociais, fisioterapeutas, etc. Quando o foco é a pessoa, e não sua doença ou seus exames, então o olhar é outro. A abordagem que demos ao caso foi orientar os pais, explicar que não se tratava de uma anomalia, que as características apresentadas pela menina podiam acontecer e não eram uma doença.

Mostramos a eles um ponto de vista mais pragmático de que tudo na filha deles estava funcionando direito, a produção de hormônios estava adequada, etc. Foi de fato mais difícil entender e cuidar dos pais do que propriamente da paciente. Oferecemos psicoterapia, educação, orientações e serviço social para ajudar a família na reinserção da menina na sociedade. Esses profissionais, ao conversar uns com os outros, com a paciente e sua família, recolocavam estes últimos no lugar central do cuidado oferecido.

Outra vivência muito rica foi um estágio eletivo que cursei na psiquiatria. Ficava em outro hospital, na Vila Mariana. Aprendi melhor a entender os pacientes com doenças psiquiátricas e seus familiares. Às vezes, alguns colegas meus, que ainda não tinham a vivência das questões psiquiátricas, menosprezavam certas manifestações dos pacientes chamando-as de "piti", ou de crise de pânico. Mantinham sua conduta desconsiderando o paciente, dizendo que aquilo que estavam fazendo não mataria ninguém naquele momento. Na psiquiatria, aprendi a ver essas manifestações como pedidos de ajuda de pessoas que não estavam nada bem e que ainda não haviam recebido um diagnóstico e tratamento corretos.

As situações de doença colocam as pessoas em contato com vivências primitivas, às vezes literalmente de vida ou morte. Além disso, precisam lidar com situações de incerteza. Isso pode provocar reações das mais diversas. Algumas pessoas se calam, outras conseguem manter alguma racionalidade, e outras ainda têm os tais "pitis". Cuidado integral com a pessoa significa saber entender e acolher essas reações.

Ainda nesse período cheguei a fazer alguns trabalhos extras, em busca da minha independência financeira, em alguns finais de semana. Um deles, como já disse, é digno de nota: por indicação de um amigo, fiz parte da equipe médica que atendia no santuário do padre Marcelo Rossi. Não era algo fixo, então não precisava de assiduidade. Foi em 2000, auge da popularidade do padre Marcelo. Seu santuário ficava em São Paulo mesmo, perto de Interlagos, um lugar gigantesco, visitado por uma infinidade de pessoas que chegavam em ônibus vindos de todo o país. Nós ficávamos lá para dar um primeiro atendimento se alguém passasse mal. A ideia era que, se a situação persistisse, o paciente fosse removido de ambulância.

Aquilo, sim, foi uma senhora experiência! Milhares de pessoas vinham dos locais mais distantes do país para expressar sua fé, fazer pedidos e agradecer. Agora, imagine só uma senhora de 78 anos que vinha do interior da Bahia, levando três ou quatro dias de ônibus, sem comer e se hidratar corretamente e sem tomar suas doses diárias de insulina para controlar o diabetes... ou um senhor de 67 anos, hipertenso, que experimentava todos os salgadinhos de beira de estrada nos postos onde o ônibus parava e sentia, algum tempo depois, um peso na nuca e o coração bater bem forte...

Bem, não preciso nem dizer que, ao ver essas situações, a equipe médica do dia já queria prontamente entrar em ação. Quando somos novos, a vontade é logo sair medicando, mas a orientação da equipe do padre era a de não intervir muito. Antes de chegar à área médica, as pessoas que passavam mal, como a senhora e o senhor que mencionei, eram alimentadas e levadas para uma sala de oração. A palavra de ordem era o acolhimento. Você já parou para pensar que a forma como acolhemos o outro pode mudar totalmente uma situação? Para o bem ou para o mal. E, efeito placebo ou não, a maioria das pessoas ficava muito bem! Quando tinham a chance de se acalmar e se sentiam bem recebidas, ouvidas, cuidadas, já chegavam à área médica mais tranquilas. Eram orientadas a retomar o uso normal de suas medicações de rotina e dispensadas de qualquer outro tipo de intervenção.

Para futuros médicos imaturos, cheios de conhecimentos, mas não de sabedoria, aquilo era uma grande lição. Trabalhei no plantão do santuário umas quinze, vinte vezes. Nunca precisei remover ninguém para o hospital. Quando não havia movimento no ambulatório, eu ia espiar a missa. Era uma catarse. Me impressionava a fé das pessoas. A essa altura, eu já tinha resolvido me especializar em geriatria, e aquele contato com pessoas idosas alimentou essa escolha. Lá eu aprendi a não ver em tudo um problema enorme, a ver o copo meio cheio, a não intervir tão rapidamente. Existe um amplo espaço entre a intervenção precoce e exagerada e a negligência.

É nessa via do meio que a ação médica precisa estar. O maior aprendizado que tive lá, e que trago comigo até hoje, é o poder do acolhimento.

Dois anos se passaram entre rodízios pelo pronto-socorro, enfermarias, especialidades, bicos de fim de semana para complementar o orçamento. Foram muitos, muitos plantões, acompanhados de litros de café e quilos de pão de queijo, que eu, como todo bom mineiro, não dispensava.

E, como ninguém é de ferro, muitas baladinhas e amigos também acompanharam esses dois anos. A essa altura, como disse há pouco, já tinha a certeza de que minha segunda especialização seria a geriatria. Minha escolha se deveu a minha curiosidade e vontade de ouvir as pessoas idosas. Eram pessoas com as quais eu tinha afinidade, e cursar geriatria me permitiria ir ao encontro dessa curiosidade que os idosos despertavam em mim. Afinal, era um gosto que já havia se manifestado durante minha infância, nas visitas à Vila Vicentina na companhia de tia Lia. Os idosos são pessoas que, independentemente do nível cultural ou socioeconômico, têm muitas histórias. Quando estabelecemos um vínculo com elas, são pacientes muito legais de se trabalhar. Foi uma escolha desconectada do mercado, na época. Embora cardiologia e nefrologia me chamassem atenção pela complexidade e pela atuação na UTI, por outro lado a dinâmica de trabalho nessas especializações deixa o médico muito fechado no ambiente hospitalar. A possibilidade de não ficar tão restrito ao hospital também me atraiu na geriatria.

Fiz minha especialização em geriatria no Hospital das Clínicas. Meu grande mentor foi o professor Wilson Jacob Filho, que me ajudou muito em minha formação técnica e pessoal. Até hoje, temos uma relação de amizade, respeito e admiração. Na medicina, não é tão comum empreender. Embora a clínica e o consultório possam ser considerados empreendimentos, essa não é uma habilidade desenvolvida pela formação em medicina. E Wilson era muito empreendedor, sabia "ler" as pessoas e alocá-las nos melhores lugares. Como dizia ele, "não tem gente ruim, tem gente no lugar errado". Uma provocação que ele sempre nos lançava era: "onde você vai se desenvolver, que tipo de legado você vai deixar?". Foi uma das pessoas que mais influenciaram minha atuação na medicina.

Um dia, em 2004, eu trabalhava no Hospital das Clínicas e vinha de um período muito intenso de plantões. Acordei com os braços empipocados. Como não sabia se se tratava de uma simples alergia ou de uma doença infecciosa, não pude ir trabalhar. Passei o dia descansando e, à noite, meu amigo Sidnei (irmão do Aníbal, também psiquiatra) e eu resolvemos ir a uma balada na Vila Madalena. Desde a adolescência em Belo Horizonte, sempre gostei da noite. Na balada, vimos de longe duas meninas, uma delas vestida em estilo hippie. Olhei para ela e disse para meu amigo: "Vou me casar com ela". Ficamos conversando. Ela se chamava Joana, fazia pedagogia. Pele clara e cabelos escuros. Brincos de coco e chinelos nos pés. Ah, e um sorriso encantador. Perto de ir embora, escrevi meu nome e telefone no braço dela (e anotei também o dela por segurança, né?). Alguns dias depois, liguei para ela e combinamos de ir a um festival de cinema a céu aberto no Jockey Club.

Resultado: nos casamos em 2006. Muitas vezes já me perguntei se teríamos nos conhecido se não fosse minha alergia nos braços. Afinal, se não tivesse descansado naquele dia inteiro, não teria saído à noite. Hoje temos dois filhos: Antonio e Joaquim.

Quando terminei a clínica médica, pouco antes de começar minha especialização em geriatria, consegui finalmente realizar meu antigo sonho: entrei na Escola Paulista de Medicina, não como estudante, mas como médico assistente. Em uma das minhas idas à Biblioteca Regional de Medicina, perto de onde eu morava, vi sobre a máquina de xerox uma folha divulgando a abertura de vagas de médico assistente para a Escola Paulista de Medicina. Fui embora, e aquilo ficou na minha cabeça. Resolvi voltar alguns dias depois para anotar as informações, mas o papel havia sumido! Fui até a direção da biblioteca pedir informações. O funcionário me disse que a "turma" não gostava muito de divulgar aquelas vagas, mas que eu me dirigisse à reitoria se quisesse mais informações. Na prova cairiam matérias de medicina preventiva, SUS, questões mais práticas, coisas que faziam parte do meu dia a dia, então estudei apenas a disciplina de português e fui fazer a prova. Quando fui selecionado, a sensação foi um misto de satisfação por ter entrado numa escola que eu sempre admirara e de tranquilidade por ter conseguido um emprego que me daria mais estabilidade. E minha história com a Escola Paulista de Medicina (hoje Unifesp) não terminou aí: foi nela que, em 2018, concluí meu mestrado em ciências humanas.

O fato é que, quando queremos e acreditamos em alguma coisa, essa coisa pode não acontecer exatamente da forma como imaginamos. Como já disse, a vida dá muitas voltas, mas quando tomamos uma firme resolução interna, quando nos comprometemos com alguma coisa e vamos à luta, parece que de repente as portas vão se abrindo.

Atribui-se a Goethe uma frase de que eu gosto muito: "Quando uma criatura humana desperta para um grande sonho e sobre ele lança toda a força de sua alma, todo o universo conspira a seu favor". Ou, então, outra frase que acho inspiradora: "O medo de um futuro que tememos só pode ser superado com imagens de um futuro que queremos".[1]

É importante jamais deixar de sonhar e de visualizar que tipo de realizações desejamos em nossas vidas. Nossos planos só dão errado quando paramos de tentar. Se continuamos tentando, uma hora acertamos (mais uma vez, a famosa resiliência).

No meio disso tudo, mais exatamente entre as duas especializações, tive mais um baque. Já estava bem adaptado a São Paulo, tinha bons amigos, uma namorada, estava bem perto da minha independência financeira, tinha até um carro novo! Mas, como já disse, a vida é péssima aluna de geometria, e nem tudo é simples e acontece da forma e no momento que queremos. Foi aí que recebi uma ligação da minha mãe. Era um sábado, final do dia. Conversamos como sempre, mas, perto da hora de desligar, ela se queixou que a língua estava mais grossa e que o alimento ficava raspando para engolir. Começava ali um outro capítulo da minha vida.

---

1 A internet me informa que a frase é do advogado alemão Wilhelm Ernst Barkhoff, fundador do banco alemão GLS, dedicado ao financiamento de projetos sociais e ecológicos.

CAPÍTULO 6

~~UM RAIO CAI DUAS VEZES NO MESMO LUGAR~~

"Mãe, há quanto tempo você está com essa queixa? Está com outros sintomas? Febre, emagrecimento?", eu perguntei na época, ao telefone.

Ao longo de nossas vidas, minha mãe sempre se mostrou uma pessoa muito forte e resiliente, daquelas que não desanimam por nada – algo que pudemos testemunhar na forma como ela viveu a morte e o luto por meu pai. Tem uma grande conexão com a vida e sempre foi, para nós, filhos, e também para meu pai, um esteio, um ponto de equilíbrio da estrutura familiar. De certa maneira, sua trajetória se assemelha à da sogra, minha avó paterna. Assim como minha avó, minha mãe foi capaz de, após o falecimento do marido, continuar sendo um ponto de apoio para os filhos, cuidar das questões burocráticas e dos negócios, antes a cargo dos respectivos maridos, e garantir que a vida continuaria nos trilhos.

Ser profissional da saúde ajuda muito na maioria das vezes em que surge uma questão médica na família, mas em situações mais graves – como eu já tinha vivenciado durante o câncer do meu pai –, com os sentimentos à flor da pele, o conhecimento e as hipóteses diagnósticas vêm acompanhados de incertezas e de sofrimento. Nessas situações, talvez fosse até melhor não ter esse conhecimento, não formular essas hipóteses. A história da doença da minha mãe começou com alguns dentistas dizendo que algo diferente estava acontecendo com a movimentação da língua dela, mas que, aparentemente, nada propriamente errado havia sido encontrado. Um desses dentistas recomendou que ela fosse a um otorrino, e eu endossei o pedido.

> Minha mãe é daquelas pessoas persistentes, que não desistem de buscar explicações para o que parece errado. Vou chamar isso de protagonismo, uma atitude perante a vida que aprendi desde cedo com ela. Trata-se de uma das atitudes que considero mais importantes na vida: a capacidade de tomar a vida nas próprias mãos, buscar alternativas e opções, não ficar refém do destino.

Ela descobriu que, por coincidência, havia naquele fim de semana um otorrino experiente de passagem pela cidade. Embora ele não tivesse consultório, ela o procurou. Explicou o que estava sentindo e o médico recomendou uma consulta com ele para fazer uma avaliação. Na consulta, após examiná-la, ele disse: "Precisamos fazer uma biópsia". E ela: "Certo, vamos fazer". Ele esclareceu: "Mas preciso de um anestesista!". Ela encarou o desafio e respondeu: "Pode fazer sem anestesia, acho que consigo aguentar". O otorrino espantou-se, mas aceitou: "Sério? Talvez até seja possível, pois será algo rápido e mais superficial". Por trás da decisão dela de aceitar fazer a biópsia sem anestesia, estava a vontade de saber logo o que se passava para poder iniciar o tratamento o mais rápido possível. Não havia tempo a perder. E assim aconteceu: naquele sábado à tarde, um pedacinho da língua da minha mãe foi extraído e ditaria o rumo de nossas vidas pelos dois anos seguintes. O material da biópsia seguiu para Belo Horizonte, e o resultado logo confirmou tratar-se de um câncer.

Entendi naqueles dias o que significava a expressão "perder o chão". Uma sensação de vazio, de cair num buraco sem fim. Já não tinha mais meu pai, e agora corria o risco de ficar sem minha mãe! Veio à cabeça o filme da doença do meu pai e as muitas marcas do sofrimento ainda muito recente, não cicatrizado. Como a experiência do tratamento dele em Minas tinha sido desastrosa, e, como eu já estava instalado em São Paulo, optamos por realizar o tratamento dela num centro paulistano. Felizmente, uma das heranças do meu pai tinha sido um bom plano de saúde (algo que hoje vale, algumas vezes, mais do que ouro). A cobertura era nacional e oferecia bons hospitais. Escolhemos um que é hoje um dos maiores centros de oncologia do país.

Depois de dois anos em São Paulo, começando a cursar minha segunda especialização, eu já estava bem acostumado à rotina de grandes hospitais. Mas tornei a ver como a experiência é totalmente diferente quando se é paciente ou familiar. É incrível como a mesma pessoa, no mesmo local, pode se sentir tão diferente. Dava para ver que o ambiente se esforçava para ser acolhedor, mas pessoas com sondas, crianças com lenços na cabeça e o trânsito incessante de cadeiras de rodas davam o tom do lugar e frustravam esses esforços.

O roteiro do tratamento foi traçado: primeiro, seis ciclos de quimioterapia, para reduzir o tamanho da lesão, que caiu de 5 cm para pouco mais de 3 cm. Depois, uma cirurgia bastante delicada, com os grandes vasos expostos, para extração da lesão, seguida de mais quimioterapia e quarenta ciclos de radioterapia ao final. Pedi para acompanhar a cirurgia. Hoje, fico pensando em quem foi mais louco: eu por pedir, ou o cirurgião por permitir minha presença no centro cirúrgico.

Era uma manhã de sexta-feira, e por uma das janelas da sala de cirurgia entrava a forte luz do sol. Essa é uma imagem que não me sai da memória. Foram mais de oito horas de cirurgia. O doutor Luiz Paulo Kowalski parecia mais um artista esculpindo uma peça, que, na verdade, era o pescoço da minha mãe, com os grandes vasos – veias e artérias – bem expostos. Felizmente, tudo correu bem, e a recuperação da cirurgia foi um sucesso.

E de anjo em anjo, surgiu o doutor Aldo Dettino. Com ele teve início, então, a quimioterapia, e logo uma complicação: mucosites (lesões na boca), que a impediam se de alimentar normalmente. O resultado foi o uso de uma sonda durante quatro meses para alimentação. Mais uma vez, ela precisou de muita determinação para enfrentar essa nova dificuldade. Difícil, mas, considerando a situação, posso dizer que ela levou numa boa. Por fim, a radioterapia. Foram várias sessões, já na reta final de uma história que, com altos e baixos, caminhou muito bem. Um efeito colateral da radioterapia, porém, é que minha mãe hoje não produz mais saliva, porque a rádio queimou suas glândulas salivares. Uma consequência disso é que hoje ela sofre com cáries, algumas perdas dentárias e não se pode fazer implantes.

Como já disse, o câncer é uma doença muito complexa que afeta não só a pessoa, mas todos que estão à sua volta, em especial a família. Do ponto de vista emocional, pode-se experimentar todas as fases de um luto ou de uma morte iminente (negação, raiva/revolta, barganha, depressão e aceitação). Lidar com os sentimentos foi bem mais difícil por causa da experiência com meu pai – tanto por causa do desenlace como pelas próprias dificuldades práticas que encontramos durante o tratamento. Precisar passar por tudo aquilo novamente exigiu muita energia de todos nós.

Já no lado mais pragmático, durante o tratamento da minha mãe, talvez pelo fato de já ter me formado médico e cursado a residência, tendo, portanto, bem mais bagagem do que tinha quando perdi meu pai, vivi uma experiência transformadora e que foi responsável por muito do que já fiz e faço até hoje. Explico: entendi, de uma forma muito profunda e pessoal, que realmente a pessoa é muito maior que as doenças que ela pode ter. Pode soar estranho, ou quem sabe óbvio, não é? Mas, considerando a forma como a medicina evoluiu, se fragmentando em várias especializações, isso talvez não seja tão óbvio assim.

Se um médico cuida dos olhos, outro dos rins, outro da pele, quem é que está cuidando do paciente em sua integralidade? A resposta é... ninguém. A cultura médica desenvolveu-se de uma tal maneira que o paciente é visto, muitas vezes, como meros órgãos dissociados uns dos outros. Sua dimensão emocional, salvo por algumas palavras ocasionais de incentivo durante as consultas, não é considerada. Num cenário de uma doença potencialmente fatal, as emoções geradas nos pacientes pela sua condição de saúde, tratamento, etc. simplesmente são muitas vezes ignoradas. Não são incomuns relatos sobre a falta de empatia médica no momento de oferecer um prognóstico desalentador, por exemplo.

A relação médico-paciente é uma relação assimétrica. De um lado temos o médico, detentor de muitos conhecimentos. De outro, o paciente, dono daquele corpo em tratamento, fragilizado pela doença e desconhecedor do que se passa nele mesmo de um ponto de vista científico. Enquanto o envolvimento do médico com a doença do paciente dura somente o tempo da consulta, o paciente está mergulhado naquele problema 24 horas por dia, 7 dias por semana, tendo de lidar tanto com a dor física como com as consequências práticas e emocionais da doença. A sensação é de impotência e solidão. Exigir que esse paciente dê conta sozinho das emoções suscitadas pela situação, que cuide para que elas não extravasem para a relação com o médico, é pedir demais. Na verdade, a relação com o médico deveria ser de parceria e também de acolhimento dos aspectos não físicos do paciente.

Ter vivido a realidade do paciente ao lado de meus pais me possibilitou fazer essas reflexões considerando minha atuação como médico. As conclusões às quais cheguei foram cruciais para o trabalho que faço hoje. Minha percepção é de que as pessoas não precisariam passar pelo tratamento de uma doença potencialmente fatal com tanto sofrimento. Com algumas poucas mudanças no sistema de saúde e na relação médico-paciente, seria possível acolher os aspectos não físicos da doença e possibilitar uma experiência menos opressiva com os protocolos e burocracias.

Além das questões mais básicas, como moradia, alimentação, entre outras, existe uma rotina bastante complexa nos cuidados de saúde, que envolve a relação com o seguro de saúde, marcar e comparecer a compromissos (consultas, exames, sessões de terapia, fisioterapia, quimioterapia, etc.), obedecer os horários das medicações, aprender sobre a doença a fim de poder fazer escolhas informadas entre diferentes possibilidades de conduta, etc.

Foi a vivência que me ensinou. Antes das consultas, tínhamos uma preparação: anotar as medicações em uso, os exames feitos e as queixas daquele período. Durante a consulta: escutar atentamente o que o médico dizia e recomendava. Após a consulta, aí, sim, como eu queria ter alguém que me ajudasse! Algo como um "despachante médico". Era tanta coisa! Agendar o retorno no tempo certo, exames de sangue, imagem, avaliação do nutricionista, do dentista, sessões de fisioterapia, e, ainda, pedir autorização de tudo para o convênio. Ah, e como saber se cada profissional era o mais indicado para cada necessidade? Era praticamente uma gestão de projeto. Nesse caso, um projeto de vida que, felizmente, foi bem-sucedido.

E como, mesmo que raramente, um raio pode realmente cair duas vezes no mesmo lugar, alguns anos depois da alta e da cura do câncer de língua veio um novo câncer. Dessa vez, de pulmão. Fui com minha esposa para Pouso Alegre, onde minha mãe mora até hoje, contar a ela que ela seria avó pela primeira vez. Ao chegar lá, ela me disse: "Fiz uma radiografia de tórax, você pode olhar para mim?". E lá estava ele, uma "laranja" no pulmão dela. A tomografia confirmou o câncer. Resultado: levamos uma notícia boa e trouxemos minha mãe para São Paulo para se tratar. Foi minha esposa, Joana, grávida do Antonio, quem cuidou dela com muita dedicação. Mais uma vez a vida me abençoou com anjos do meu lado. O anjo médico desse momento foi o doutor Fábio Haddad.

O aprendizado do que deu certo por ocasião do câncer de língua certamente nos ajudou muito, mas a tormenta dos sentimentos foi ainda maior. Fazendo pequena uma grande história, felizmente minha mãe continua conosco, mantém sua autonomia e independência com qualidade de vida e vê seus netos crescerem.

CAPÍTULO 7

MBA DE TRÁS PARA A FRENTE

Se fôssemos eternos, a vida com certeza não teria tanta graça. Entendo que vivemos um ciclo, que alguns chamam de passagem e outros de viagem. Faz mais sentido a vida quando, ao reconhecer sua transitoriedade, paramos de assisti-la passar, assumimos o controle e fazemos alguma coisa em que acreditamos. Não importa o tamanho: o importante é construir alguma coisa com propósito durante nossa existência. Para mim, esta é a motivação para sair cedo da cama e ter resiliência nos momentos em que a vida se assemelha a uma "montanha-russa": acreditar sempre e procurar fazer o que se gosta e nos realiza.

Segundo o *Dicionário Houaiss*, empreender é decidir realizar uma tarefa difícil e trabalhosa. Nas palavras de um paciente: "Empreender só dá errado quando você para de tentar". Empreender também pode ser visto como um MBA[1] de trás para a frente. Você não tem as competências que precisa, e vai percebendo isso (e correndo atrás do prejuízo) na prática. Empreendedor não é só quem faz negócios gigantes. É fazer de forma estruturada algo que responda a algum inconformismo seu e que será benéfico para você e para a comunidade no seu entorno (ou mesmo longe de você).

1 MBA, ou Master in Business Administration, em inglês, é um curso de pós-graduação voltado à atuação prática profissional em gestão e administração. Em um MBA, desenvolvem-se competências de gestão, de liderança e de tomada de decisão.

Assim, as vidas de outras pessoas também são impactadas. Pelo menos no meu caso, o propósito não podia ser só financeiro, precisava ser algo mais profundo e realizador.

Eu comecei a empreender aos 34 anos, mais tarde do que muita gente, embora já pensasse no assunto havia algum tempo. Mas minhas experiências com o carro de latas e a rádio pirata me mostraram desde cedo que minha energia era do tipo "fazedora", não "planejadora". Quando estreei empreendendo, não foi muito diferente. Acho que tenho isso comigo desde a infância, mas foi após a primeira especialização médica que comecei a exercitar o verbo "empreender".

Já tinha percebido que o ambiente das quatro paredes do consultório me limitava de alguma forma. Na medicina, algumas oportunidades de trabalho comuns são: plantões, remoções de ambulância, hospital e consultório, entre outras. Trata-se de um trabalho muito limitado sob o ponto de vista hora/homem: é difícil aumentar a escala de atuação e a produtividade médicas, pois o trabalho exige um tempo específico, que não pode ser encurtado sem prejuízo de sua qualidade.

Por outro lado, com os anos, vamos percebendo que o tempo é nosso bem mais precioso. E nenhum médico sabe mais disso do que aquele que estuda o envelhecimento. Embora pagar as contas seja fundamental, com o tempo vamos nos perguntando se não seria possível viver a vida com mais satisfação. Vamos questionando se os bens que víamos como essenciais não seriam na verdade supérfluos. Vamos pensando se viver com menos coisas, mas com mais tempo, não seria melhor. Quando começamos a pensar nessas coisas, acabamos refletindo sobre o que é necessário para viver, o que é uma questão de sobrevivência e o que é esbanjamento. O importante é achar o equilíbrio.

Com o nascimento do meu filho mais velho, ficou cada vez mais difícil dedicar ao trabalho as horas que eu queria passar com ele e minha esposa. Em alguns momentos, cheguei a me sentir um "escravo de luxo". Ainda que ganhasse bem, me sentia sujeitado às vontades e às necessidades dos outros, não sentia que era dono do meu tempo.

Antigamente, havia na relação com a saúde algum senso de limite. As pessoas sentiam menos necessidade de tomar remédios, observavam algumas situações antes de correr ao pronto-socorro. Hoje, parece que uma ansiedade coletiva tomou conta da nossa sociedade: qualquer sinal ou sintoma é considerado uma emergência. Mesmo questões que poderiam aguardar uma consulta clínica agendada, as pessoas querem resolver no pronto-socorro. O imediatismo tomou conta da sociedade. Estatísticas mostram que 80% das pessoas que vão ao pronto-socorro poderiam resolver seus problemas numa consulta com hora marcada.[2] Uma consequência séria disso é que pessoas em estado realmente grave precisam ficar esperando casos mais simples serem atendidos. A ansiedade e mesmo a falta de acesso a uma boa orientação médica podem levar a esse desequilíbrio.

Trata-se também de um traço geracional. Não acho que a divisão da população em gerações seja uma ciência exata, e acredito que todos nós possuímos traços que têm muito mais a ver com nossas histórias de vida que com a nossa geração. Mas é difícil negar que nos últimos cinquenta anos a relação das pessoas com o trabalho mudou. E uma das explicações para isso é justamente que as condições enfrentadas por cada geração acabam moldando as expectativas das pessoas com relação ao mundo profissional. Os *baby boomers*, que nasceram no rescaldo da Segunda Guerra Mundial, viveram em um mundo em que, no Ocidente, a sociedade de consumo se expandia e a ênfase estava em ter cada vez mais coisas. Não existia crise ambiental, mas existia o bloco de países comunistas e o temor de que uma guerra nuclear destruísse o planeta. Essas pessoas buscavam segurança, passavam a vida toda na mesma empresa, priorizavam suas carreiras e viviam para trabalhar. Muito tempo se passou, a internet surgiu, a crise ambiental deu as caras e o muro de Berlim caiu. As ameaças mudaram. A geração que já nasceu "na internet", a dos

2 Ver, por exemplo, Governo do Brasil, "Saiba o local certo para buscar atendimento médico", 11 set. 2014. Disponível em: http://www.brasil.gov.br/noticias/saude/2014/09/saiba-o-local-certo-para-buscar-atendimento-medico. Acesso em: 10 jun. 2019; Hospital das Clínicas da Faculdade de Medicina de Botucatu, "Entenda como funciona o atendimento no pronto-socorro adulto de Botucatu", 29 set. 2016. Disponível em: http://www.hcfmb.unesp.br/8825-2/. Acesso em: 10 jun. 2019.

millennials, tende a ter uma outra perspectiva sobre a vida. Começam a surgir pessoas que valorizam mais seu tempo e não hesitam em trocar de emprego quando sentem que seu trabalho não está lhes proporcionando uma experiência agradável, seja no equilíbrio entre vida profissional e pessoal, seja do ponto de vista do propósito daquilo que fazem. Ganhar dinheiro é bacana, mas não é tudo: causar um impacto positivo no mundo é uma preocupação delas. O Google, por exemplo, hoje tem uma nova forma de contratar: em vez de exigir dos candidatos uma determinada formação, fazem entrevistas, porque o que mais importa são o comportamento e os valores de cada pessoa.

Eu não sou *baby boomer* nem *millennial*. Pela minha data de nascimento, eu sou da geração X, que está na transição entre essas duas gerações. Se analiso minha carreira, vejo nela traços das duas gerações. Diria que fui aprendendo ao longo da vida a dosar o peso do trabalho e a definir meus objetivos. Não é um equilíbrio fácil e é preciso um automonitoramento constante.

Meus primeiros passos no mundo do empreendimento foram dados em conversas com amigos e colegas. Eu queria fazer "algo a mais", mesmo sem saber exatamente o que seria esse "algo a mais". Em muitos aspectos, a medicina é uma profissão dura. Entra-se no mercado de trabalho um pouco mais tarde que nas demais profissões, e o amadurecimento ocorre de uma maneira mais lenta, principalmente nas grandes cidades. Muitos profissionais vão mudando de rumo ao longo de suas carreiras. Um ponto positivo, porém, é a grande possibilidade de diversificação de áreas e especialidades.

No meu caso, eu sentia certo incômodo em seguir o caminho mais usual, mais tradicional: plantões, universidade, hospital e consultório. Passei por essas etapas, mas muitos assuntos diferentes me interessavam. Além disso, tinha a questão da falta de tempo e da necessidade de ter um objetivo maior que o dinheiro. Não me sentia totalmente realizado e tinha algumas dúvidas: seria ansiedade? Teria eu pulado etapas? Ou simplesmente me faltava foco?

Entra em cena uma TED Talk intitulada "The golden circle" ("O círculo dourado"), do autor e palestrante motivacional Simon Sinek[3]. Recomendo o investimento de dezoito minutos nessa reflexão. Em resumo, Sinek diz que precisamos ser fiéis ao nosso verdadeiro "porquê", pois é ele que nos

3 TED é uma ONG dedicada a disseminar ideias interessantes por meio de palestras curtas (18 minutos). O site da TED é: https://www.ted.com. A palestra de Sinek está disponível (em inglês) em: https://www.ted.com/talks/simon_sinek_how_great_leaders_inspire_action?language=pt.br.

motiva a sair cedo da cama todos os dias e nos permite ter resiliência e perseverança. Dito isso, o resto vai se tornando secundário – felizmente, até a vaidade ou o ego. Eu precisava encontrar meu "porquê".

Saber ouvir é fundamental em qualquer profissão, e na medicina não é diferente. Mas aprender a ouvir a si mesmo pode ser ainda mais difícil. Como comentei a propósito de minha experiência em Ribeirão Preto, sempre é mais fácil se conformar com um caminho pré-traçado, socialmente aceito, do que reconhecer a necessidade de traçar um caminho próprio, menos seguro. Foi dando voz à minha inquietação que comecei, de maneira informal, a fazer bate-papos com colegas, amigos e alguns alunos da universidade. A pauta era a profissão médica e como se inserir no mercado de trabalho. Como conseguir os primeiros plantões, trabalhos em clínicas e ambulatórios, como começar a pensar no primeiro consultório. Aí vinham mais questões: como precificar uma consulta, como calcular o custo de oportunidade, como contratar e treinar uma secretária. Depois de muitos cafezinhos, veio a ideia de montar uma empresa. Hoje fica fácil olhar para trás e falar em empreendedorismo, mas, na época, foi algo que veio de dentro de mim e nasceu com muita energia e com a certeza de que daria certo. Como sempre na minha vida, eu não sabia como nem quando daria certo, mas tinha certeza de que daria certo.

O negócio que idealizei foi uma empresa de recrutamento e gestão de equipes médicas. Firmei meu primeiro contrato com a certeza que só a ignorância consegue nos dar, mas com a fé do empreendedor. Numa reunião com um dos primeiros clientes, alguém na mesa me perguntou: "Qual é o seu percentual de problemas com suas equipes?". Eu respondi: "Zero!". E acho que foi com tanta convicção que o questionamento parou por ali. No jargão popular, eu devo ter mostrado um brilho nos olhos e a "faca nos dentes", mas confesso que esse percentual era zero porque eu nem tinha equipe. Na verdade, até que tinha: era uma equipe de uma pessoa só – eu mesmo.

E foi assim que eu comecei meu "empreendimento". Com um otimismo que certamente não cabia em mim, comecei encarando muito trabalho e pedindo apoio aos amigos e colegas, e a coisa foi se espalhando.

Logo adiante, um grande amigo também médico – o Sidnei, irmão do Aníbal – tornou-se meu sócio, e a empresa foi tomando cada vez mais forma. Em regiões mais periféricas da cidade, havia um problema com faltas nas equipes médicas. A solução veio com uma sacada interessante: começamos a rever as equipes e reorganizá-las com pessoas que tivessem algum grau de conhecimento e/ou afinidade entre si. Como um amigo não deixa o outro na mão, o resultado foi que, se alguém faltasse, a equipe não ficaria desfalcada e sobrecarregada. Oferecer um suporte para a discussão de casos também ajudou, em especial para os profissionais recém-formados.

Alguns anos depois, esse primeiro ciclo se encerrou, e chegou o momento de dar vazão a uma outra paixão: a tecnologia. Eu, que tive o privilégio de ter usado a internet discada pelo telefone, hoje acho o máximo internet por fibra ótica, com velocidade de 100 megabits por segundo. Como a obtenção de ganhos de escala na medicina era uma preocupação minha, e como a tecnologia da informação é uma ferramenta de ganho de escala, foi por aí que comecei a pensar em como usar a tecnologia na medicina. Fui percebendo que a soma de tecnologia e medicina pode resultar num universo gigantesco de possibilidades. Estudei vários modelos, incluindo telemedicina e farmácia em casa. A minha escolha recaiu na aproximação de pacientes e médicos por meio de uma plataforma tecnológica.

Foi assim que nasceu, em meados de 2010, a ConsultaNumClick. A ideia era criar um site no qual médicos disponibilizassem suas agendas para que os clientes marcassem, no próprio site, suas consultas. Minha inspiração veio do ramo alimentar. Usei como modelo a empresa americana OpenTable, uma plataforma na qual é possível fazer a busca por um tipo de restaurante, numa determinada região e data, e fazer a reserva on-line. Adaptar esse conceito para que uma pessoa buscasse um médico de determinada especialidade, numa data e horário específicos e agendasse sua consulta on-line me parecia muito simples.

O conceito era inovador e mudava o modelo tradicional de se agendar consultas. O usual era que a pessoa ligasse no consultório do médico escolhido e se adequasse ao horário oferecido pela secretária. Na plataforma idealizada por mim, além de ser possível conhecer um pouco do currículo do profissional, o paciente escolhia o horário disponível do médico que lhe fosse mais conveniente e ainda recebia lembretes para não se esquecer da consulta e instruções para chegar ao consultório ou clínica. A possibilidade de visualizar a agenda do médico aumentava a autonomia do paciente. Antes sujeito aos horários fornecidos pela secretária durante uma ligação, o paciente agora poderia escolher com mais calma tanto o profissional como o melhor horário para sua consulta.

Na minha busca pelo desenvolvimento do site (nem se falava em aplicativos ainda), a primeira grande dificuldade que encontrei foi a obtenção de dois orçamentos muito díspares. Fui atrás de uma fábrica de *softwares*, mas não sabia nem como buscar, nem o que buscar. Recebi dois orçamentos, um de R$ 10 mil e o outro de R$ 1 milhão. Me senti refém daquela situação, porque realmente não conseguia entender o motivo daquela diferença. Percebi que ou eu estava sendo mal compreendido e subestimado, ou, pior, explorado no valor. Pensei: "Ou o de R$ 1 milhão vai me entregar uma Mercedes para eu ir na padaria, ou o outro vai me entregar um patinete para eu pegar a estrada". Resolvi não fechar acordo nem com um, nem com o outro. Desânimo à vista, mas, resiliência presente, segui adiante.

Em vez de continuar em busca de um desenvolvedor, coloquei no ar em 2010 uma página de cadastros, que eu criei sozinho, e um blog no qual escrevia sobre promoção de saúde. A página se chamava "consultanumclick.com.br". Comecei a colocar no blog conteúdos sobre a facilitação do encontro entre médico e paciente, incluindo textos de professores renomados.

No final desse mesmo ano, fiz uma viagem turística à Europa com minha esposa. Quando passamos por Barcelona, combinamos de jantar com um português, amigo dos pais dela, chamado Duarte.

Nesse jantar, fiquei sabendo que Duarte, que tinha a mesma idade que eu e era membro de uma família influente na saúde em Portugal, tinha sofrido um acidente recentemente e tinha precisado passar por uma cirurgia. Nesse processo, além de lidar com as incertezas do ponto de vista da saúde, Duarte ficou espantado com a dificuldade de encontrar médicos, informar-se sobre eles e, finalmente, marcar uma consulta.

Espantado fiquei eu com o relato dele! Então, eu disse: "Duarte, foi pensando exatamente nisso que resolvi montar uma plataforma on-line de consultas. O nome é 'consultanumclick.com.br'. Acho que é uma boa oportunidade no Brasil. Minha inspiração é o OpenTable, aquele site americano no qual os clientes podem reservar mesas em restaurantes. Será alguma coisa assim, mas na medicina".

Ele arregalou os olhos e respondeu: "Ora, João, não vai acreditar! Depois do acidente percebi como é difícil encontrar um médico, conhecer sobre ele, agendar consultas... Estou desenvolvendo um site muito parecido com isso que você está falando!". Qual não foi minha surpresa ao ouvir isso!

Impressionados com a coincidência, combinamos de nos encontrar no dia seguinte, depois do almoço, para comparar as ideias e conversar. Quando abrimos os *laptops* um ao lado do outro, as ideias eram quase idênticas. Nos tornamos sócios – um caso clássico de estar "no lugar certo, na hora certa, com a pessoa certa". Ele entrou com a tecnologia (havia um polo tecnológico em Aveiro, Portugal), já que o site já estava em desenvolvimento, e eu com as questões relativas a médicos e pacientes e mais um mercado de 200 milhões de pessoas. (Seria prepotência pensar em 200 milhões de pessoas? Acho que não, pois – citando Jorge Paulo Lemann, um dos principais nomes do empreendedorismo brasileiro – pensar grande ou pequeno dá o mesmo trabalho, mas pensar grande nos liberta dos detalhes insignificantes, então é melhor pensar grande.)

O nome escolhido para a iniciativa foi "ConsultaClick" – combinamos de tirar o "num" do nome para ficar mais simples de usar e, eventualmente, de levar para outros países.

Em Portugal, o site cumpriria também um outro propósito. Como o custo da mão de obra é mais alto lá do que no Brasil, contratar um funcionário para cuidar da agenda de consultas é proibitivo para muitos médicos – uma diferença de mercado que deixava o site ainda mais atrativo em Portugal. Outra diferença é que lá o sistema público de saúde é melhor que o brasileiro e permite que o paciente se consulte com um médico particular e receba do governo reembolso parcial da consulta.

Duarte e eu trabalhamos em conjunto no primeiro semestre de 2011 e finalmente, em junho, lançávamos o ConsultaClick em Lisboa. O lançamento foi um grande evento social. Uma das ações de marketing que escolhemos fazer na cidade por ocasião do lançamento foi alugar um Smart, aquele carrinho simpático de dois lugares, e encomendar uma porção de ímãs: um com o nome do site, "ConsultaClick", e vários números. Quando o vendedor do site ia visitar os médicos, ele usava esse carro e, a cada visita que fazia, trocava o número afixado nele, criando a impressão de que dispúnhamos de uma numerosa frota. O lançamento brasileiro da plataforma aconteceu logo depois, em novembro de 2011, após muitas adaptações para ajustá-la às terras tupiniquins.

O ConsultaClick já havia nascido com dupla cidadania, e não tardou a ser levado para outros países. Na Espanha, para onde foi levada por um casal de amigos de Duarte, servia mais como uma ferramenta de marketing médico, focada em aumentar a visibilidade desses profissionais. Na Romênia, foi implantado primeiro em um hospital e depois passou a ser usado por grupos de compra coletiva.

O processo de implantação e operação da plataforma foi repleto de solavancos. É natural que, ao fazer alguma coisa, nosso ponto de partida seja nosso próprio juízo de valores, assim como é natural, com o tempo, perceber que esse nosso juízo de valores está muito afastado dos anseios do usuário do serviço que criamos. No ConsultaClick, nossos clientes eram os médicos, pois eram eles que pagavam pelo serviço, mas também era necessário levar as demandas dos pacientes em consideração, porque eles eram os clientes dos médicos. Então, havia mercado dos dois lados do serviço, o que exigia que nossas soluções tecnológicas se adaptassem a ambos os lados. Aqui, mais um aprendizado sobre empreender: o único dono da razão é o nosso cliente. A escuta vale ouro!

Comecei a perceber que aquele não era um mercado que se autorregularia. Tínhamos 1 milhão de horários disponíveis no site, mas quase ninguém marcava consultas por lá. Hoje, analisando retrospectivamente, acredito que havia tanto um problema relativo à estrutura do serviço de internet no Brasil, que ainda era muito irregular, lento, etc., como uma questão cultural. As compras pela internet não eram tão comuns quanto hoje, e a internet simplesmente não era um espaço ao qual as pessoas recorriam para resolver problemas relativos às suas vidas práticas, "reais". Muita gente achava impessoal demais marcar uma consulta médica pela internet. Já alguns médicos sentiam que a plataforma empoderava mais os pacientes do que eles mesmos, que estavam pagando pelo serviço. Alguns pontos positivos só apareceram mais tarde: o comparecimento às consultas marcadas pela plataforma era maior.

O resultado foi que, pelo menos no Brasil, o Consulta-Click andou de lado. Não chegou nem perto de onde eu imaginava que chegaria. Em 2012, isso me motivou a procurar um parceiro brasileiro, pois comecei a sentir falta de alguém com quem dividir minhas dúvidas e incertezas, que eram frequentes, e que pudesse suprir competências que eu não tinha, principalmente de gestão e administrativas.

Apesar de meu time contar com quatro pessoas que me ajudavam com muita dedicação, eu queria alguém que encarasse aquele desafio junto comigo.

Também levei em conta um outro fator: a conclusão de um trabalho de consultoria que recebi como prêmio enquanto modelava o plano de ação da plataforma de agendamento on-line de consultas. Esse prêmio foi oferecido pela disciplina de inovação da Harvard Business School, que apontava que minha iniciativa tinha o potencial de ser benéfica para a sociedade e, com o oferecimento da consultoria, buscava aumentar as chances de sua implantação.

Em janeiro de 2012, fui apresentado ao Rubem pelo meu cunhado. Ele era egresso de uma gestora de fundos e tinha acabado de voltar de um ano sabático. Algumas conversas depois, ele comprou a participação do Duarte no ConsultaClick brasileiro.

Pouco depois de sua chegada, e com seu *know-how* financeiro, optamos por dar um salto profissional e fazer uma rodada de investimentos, trazendo para a empresa novos sócios investidores. A ideia era atrair não somente mais capital, e sim o que hoje é conhecido pelo termo em inglês *smart money*, algo como "dinheiro inteligente". A expressão serve para descrever investidores escolhidos por sua capacidade de aportar mais do que somente capital, ou seja, investidores que também são um diferencial importante para a empresa graças a seus conhecimentos. Esse tipo de investidor tem bastante experiência no mercado em questão, conhecimentos cruciais em áreas importantes para a empresa, além de *networking*. Foi assim que conseguimos mais sócios especializados em mercado financeiro, tecnologia, comunicação e marketing, além de um diretor que já tinha trabalhado para grandes companhias.

No fim de novembro, começo de dezembro de 2012, ao analisar os relatórios e as planilhas do ConsultaClick, notou-se que, apesar de mais de 1 milhão de horários disponíveis (somadas as agendas disponibilizadas on-line pelos profissionais), um número pequeno era agendado de forma on-line e, desse número, ainda existia um alto índice de não comparecimento.

Em 2012, embora o ConsultaClick fosse um negócio e nós tivéssemos um time e instalações físicas, não tínhamos receita. Os 4 ou 5 mil médicos cadastrados vinham usando a plataforma com uma licença *freemium*, ou seja, não pagavam mensalidade, ainda que recebêssemos um percentual do valor da consulta. A ideia era criar massa crítica para depois começar a cobrar pelo serviço, mas isso não aconteceu.

Em 2013, resolvemos dar uma nova chance ao ConsultaClick reformulando a plataforma inteira, porque percebemos que a lógica portuguesa segundo a qual ela havia sido desenvolvida atrapalhava um pouco. Buscamos mais uma vez estudar outros modelos de integração entre saúde e tecnologia: além das já mencionadas telemedicina e farmácia em casa, até a possibilidade de aproximar o ConsultaClick a um fundo de investimento, para que o médico pudesse investir o recurso recebido pelas consultas sem tirar o dinheiro da plataforma. Criamos uma mensalidade que os médicos deveriam pagar, garantindo assim para nossa empresa uma receita regular.

Não funcionou. Resolvemos "congelar" o ConsultaClick para outro momento, observar o amadurecimento do mercado e buscar outra forma de ação.

Usando a expressão popular "do limão, uma limonada", e como eu já fazia atendimentos voluntários, mas de maneira informal, em meu consultório, surgiu a ideia de se usar a plataforma para conectar profissionais que pudessem doar horas de atendimento às pessoas carentes.

Até aqui, tinham sido horas e horas. Adiante, as Horas da Vida (www.horasdavida.org.br).

CAPÍTULO 8
~~REALIZANDO SONHOS~~

23 de novembro de 2012: "Gilberto, tudo bem? Seguinte: aquela ideia do programa de doação de horas de médicos evoluiu e eu gostaria de explicar melhor como ele funciona", disse eu ao telefone ao jornalista Gilberto Dimenstein, grande apoiador e incentivador do Horas da Vida.

Ele me respondeu: "Que bom ouvir isso!". E emendou: "Temos uma oportunidade interessante para o lançamento, num evento organizado pelo Catraca Livre".

E eu: "Que máximo! Podemos nos organizar para isso. Quando será?".

Ele: "Na próxima terça-feira, 27 de novembro de 2012".

Do meu lado do telefone, quase que eu mesmo precisei de um médico. Haja correria! Assim, em pouco menos de 96 horas, nascia a primeira plataforma on-line de doação de horas de médicos e profissionais de saúde, o Horas da Vida. O nome tem um duplo sentido: são as horas da nossa vida, e cada um escolhe como utilizá-las. E são horas que dão vida, tanto para quem as doa como para quem as recebe.

Convidei, quase intimando, alguns amigos médicos, os mais chegados. Compartilhei a ideia e pedi, esperançoso, que doassem horas, e eles toparam! Foi no meio desse processo – quando já tinha os voluntários, mas ainda não tinha o site – que entrei em contato com Dimenstein.

O primeiro site foi feito usando a estratégia para começar a realizar os primeiros encontros e agendamentos. Obviamente, não deu certo como imaginei num primeiro momento, pois, quando um paciente particular cancelava a consulta no dia, não havia tempo hábil para que um paciente do Horas da Vida chegasse ao consultório a fim de aproveitar aquele horário não utilizado. Mas, como muitas vezes na vida, miramos num lugar e acertamos em outro: aquilo me permitiu perceber o tamanho da vontade latente dos médicos de doarem horas.

Vários dos processos que hoje são 100% on-line começaram com prototipagem feita de papel. Aqui vale a máxima popular "o ótimo é inimigo do bom": frequentemente é preciso começar a trabalhar com o que temos e, ao longo do tempo, buscar as melhorias. Às vezes, gasta-se tanto tempo no planejamento de um projeto que ele já nasce morto: a ideia original era mesmo ótima, mas o tempo passou, as circunstâncias mudaram... e nada daquilo que se pensou ainda faz sentido – algo muito compreensível num mundo como o nosso, que muda cada vez mais rápido.

Aqui entra um dos médicos mais celebrados do Brasil: Drauzio Varella. Conversei com ele, expliquei o projeto, e ele então apoiou logo de início, emprestando sua imagem e reconhecimento nacional com um depoimento no primeiro vídeo institucional do Horas da Vida.

Um dos diferenciais de sucesso do Horas foi a realização de triagem. Porque ela é fundamental para a otimização das horas e para que os encontros começassem bem. O profissional voluntário doa o que tem de melhor, ou seja, tempo e conhecimento. Já o paciente, por vezes, tem dificuldade até de locomoção, por residir numa área mais periférica. Se um leigo acredita que uma queixa como dor nas costas deveria ser encaminhada para um ortopedista, aqui ela é entendida realmente de uma forma um pouco mais profunda. Uma dor nas costas causada por um cálculo renal, por exemplo, deve ser encaminhada para um urologista. Tudo isso é levado em conta na triagem. Essa etapa tem o auxílio de um "algoritmo" que inclui uma série de perguntas em diferentes áreas, mas a responsabilidade por ela ficou comigo: de 2012 para cá, já fiz milhares direcionamentos, que levaram a mais de 50 mil atendimentos. Isso porque nos questionários que os clientes preenchem aparece de tudo. É preciso o olhar de um médico para dar conta de certas informações.

Quando começamos a entender de que maneira as pessoas pensam é que estamos de fato cuidando de gente, muito mais do que fornecendo consultas médicas. Esse é o *mindset* que aos poucos passou a orientar o Horas da Vida.

Portanto, a ideia por trás da triagem é aproveitar ao máximo o tempo do paciente com o médico e, mais que isso, direcioná-lo para o especialista correto. Os questionários apontam, no entanto, dois problemas sérios: a deficiência no uso da linguagem, ligada ao nível sociocultural dos pacientes; e a falta de literacia em saúde, que independe do nível sociocultural.

Segundo a Organização Mundial da Saúde (OMS), literacia em saúde é a capacidade dos indivíduos de ganhar acesso, compreender e usar informações de forma que promovam e mantenham boa saúde. Engloba a adoção de comportamentos protetores da saúde; a capacidade de se orientar no sistema de saúde e agir como parceiro dos profissionais; a capacidade de tomar decisões de saúde na seleção de bens de saúde e a capacidade de conhecer seus direitos e participar no debate desses assuntos. É comum encontrarmos pacientes que não sabem tomar corretamente os remédios que lhes são receitados. Há quem tome às 8 da manhã e às 8 da noite um remédio que deveria tomar de oito em oito horas, por exemplo. Muitas adolescentes precisam de auxílio para tomar a pílula corretamente. Outro exemplo: é incrível, mas muito frequente, que os pacientes não saibam dizer ao médico as medicações que utilizam rotineiramente. Diálogos assim já fizeram parte de minha experiência:

"Dona Maria, quais são as medicações que a senhora está tomando todos os dias?"

E dona Maria respondia:

"Ah, doutor, tomo um do azul, meio daquele branco e dois do amarelinho."

Bem, após uma resposta como essa, uma nova consulta precisava ser agendada para esclarecer quais eram as medicações, se a indicação e as doses estavam corretas, se algum efeito adverso poderia estar acontecendo e, muito importante, se a adesão do paciente era boa. Com o Horas da Vida, isso deixava de acontecer porque, ao responder as perguntas, o paciente já precisava indicar quais medicamentos estava tomando.

Em setembro de 2013, graças ao rápido crescimento e ao entendimento de que o instituto era algo a serviço da comunidade, o Horas da Vida foi transformado numa ONG. Nessa condição, o instituto poderia receber dinheiro de doações, e desde o primeiro dia foi implantada como premissa a auditoria externa independente. Transparência e credibilidade são fundamentais.

Já no âmbito dos atendimentos, dos seis médicos amigos temos hoje quase 3 mil voluntários. No início, um médico indicava a plataforma para o outro, mas chegou um momento em que eram os médicos voluntários que nos procuravam. Pensando agora, só a força da crença na causa e no propósito puderam superar tantas adversidades até se chegar ao modelo atual.

Bem, com a ponta do médico resolvida, a grande questão que se colocava era: quem serão os pacientes? Logo no início, algumas pessoas foram indicadas para receber os atendimentos por amigos, conhecidos e até por outros médicos. Eu recebia todos os pedidos de consulta por e-mail sem um critério definido.

Após as primeiras divulgações sobre o programa na mídia, uma procura espontânea começou a acontecer. Mais uma vez, não deu certo: sem um critério bem definido de quem poderia utilizar as horas doadas, houve alguns casos de consultas doadas a pacientes que poderiam pagar pelo atendimento. Isso ficou evidente em comentários de médicos que me ligavam para agradecer pela participação, mas que diziam: "Adorei participar do programa e conte comigo para outros atendimentos, mas só um detalhe: o celular do paciente era melhor que o meu". Outros dois pontos críticos começaram a aparecer nesse momento: mesmo com o foco em atenção primária, ou seja, tudo aquilo que fica fora do hospital (portanto, o que não é caso de pronto-socorro, cirurgias, internações, tratamentos complexos como câncer, etc.), alguns pacientes necessitavam de exames. Além disso, numa metrópole como São Paulo, a questão da segurança é sempre um ponto de atenção. Alguns colegas médicos ficavam com certo receio de receber uma pessoa totalmente desconhecida em seu consultório.

Para lidar com essas questões, surgiu uma saída brilhante que fortaleceu muito o trabalho do Horas da Vida. Ficou decidido que as doações de horas dos médicos voluntários seriam destinadas a outras ONGs, pois a demanda real também existe nessas instituições. O Horas da Vida, então, definiu critérios mais objetivos para selecionar as pessoas aptas a serem atendidas pelo programa: pessoas que vinham de outras ONGs, com renda familiar de até três salários mínimos, usuários do SUS com algum problema que ainda não tivessem conseguido resolver pelo sistema público.

Assim ficava mais claro e justo decidir quem poderia receber os atendimentos. A primeira ONG chegou a nós por meio do jornalista Gilberto Dimenstein, que nos apresentou ao maestro João Carlos Martins, da

Fundação Bachiana,[1] uma ONG que busca promover a inclusão social e cultural, a educação musical e a democratização cultural por meio de eventos, cursos e ações culturais para adultos e crianças no campo da música clássica.

Conversei com o maestro pelo telefone, e ficou combinado que nos encontraríamos em um domingo de manhã, pois ele tinha uma viagem marcada e não queria adiar nossa conversa. Aquela conversa foi mais uma aula de superação, de exemplo e de energia para fazer acontecer. Além de ficar acertado que começaríamos com as crianças que tinham dificuldade de enxergar as partituras por questões visuais, João nos doou um concerto no Teatro Bradesco, localizado no Shopping Bourbon, em São Paulo, para nos ajudar a angariar recursos para os próximos passos. No repertório, Bach, Salieri, Haydn e Mozart. Com os fundos, pudemos contratar funcionários, fazer uma nova plataforma e estruturar a ONG.

Depois da Fundação Bachiana, convidamos outras ONGs para participar do Horas da Vida. Hoje, atendemos treze delas, com um público, entre assistidos e familiares, de aproximadamente 90 mil pessoas. Entre as ONGs que já atendemos, estão Unibes, Apae São Paulo, Associação Santo Agostinho (ASA), Grupo Cultural AfroReggae, Fundação Bachiana Filarmônica, Clube dos Paraplégicos de São Paulo, Lar Sírio, Associação Beneficente Santa Fé e Saúde de Criança.

A questão dos exames foi equalizada pouco adiante, com a doação de exames do maior grupo de medicina diagnóstica do Brasil. Nessa ocasião, fiquei muito bem impressionado com a dedicação e o envolvimento dos altos executivos para tratar dessa questão.

Segunda-feira, 7 de outubro de 2013. Pela manhã, meu telefone não parava de tocar. Era o Horas da Vida na capa do jornal *Folha de S.Paulo*. A matéria trazia o caso de um menino de 9 anos, que chegara a nós com um pedido de consulta para neurologia por suspeita de autismo. Segundo a mãe, ele sofria *bullying* na escola porque não conseguia ler e tinha muita dificuldade para aprender. A criança

1 Veja mais em: http://www.fundacaobachiana.org.br.

estava havia mais de seis meses numa fila de espera, aguardando por uma consulta. Conforme expliquei há pouco, nossa triagem procura entender melhor cada caso antes de encaminhá-lo ao especialista mais adequado, e não foi diferente com o garoto. Antes de encaminhá-lo para a investigação de um neurologista, decidimos avaliar se ele escutava e enxergava bem. Para a surpresa de todos, ele tinha nove graus de miopia. O alcance de seu campo visual não ia muito além de quinze centímetros. Depois de uma consulta com um oftalmologista e a doação de óculos, ele realmente passou a ver a vida diferente. Após seis meses, foi reavaliado e se mostrou uma criança completamente normal.

E, assim, o instituto crescia, com um aumento no número de profissionais voluntários, um aumento no número de pacientes, novas parcerias com empresas que doavam óculos, novos laboratórios, universidades, redes de farmácias e patrocinadores. Para dar conta de tudo isso, o passo seguinte foi em direção à profissionalização da gestão. Felizmente, tivemos a felicidade de encontrar uma líder que tinha a experiência do mercado e o propósito no coração: Elisângela. Uma filial foi aberta na cidade de Curitiba e algumas ações foram feitas em parcerias com ONGs locais nas cidades do Rio de Janeiro, Porto Alegre e Florianópolis, com a ONG do tenista Gustavo Kuerten, o Instituto Guga Kuerten, que oferece oportunidades de inclusão social para crianças, adolescentes e pessoas com deficiência.

O Horas da Vida foi utilizado como um estudo de caso por sócios estrangeiros da consultoria Ernest & Young quando se observou que as doações em horas de serviços e produtos poderiam ser contabilizadas. Até o início de 2018, esse valor já ultrapassava cerca de 3 milhões de reais. Ou seja: a sociedade "economizava", no mínimo, o valor que era gerado por meio do trabalho dos voluntários. Digo "no mínimo" porque, ao garantir que uma pessoa goze de boa saúde, estamos possibilitando que ela aprenda melhor, produza melhor, viva mais integralmente. O menino que veio com a hipótese de autismo, por exemplo: uma ação simples, de baixo custo – a consulta oftalmológica e os óculos doados –, permitiu que ele pudesse estudar e, assim, que os recursos investidos na educação dele fossem mais bem aproveitados. Agora imagine quantos desses meninos temos no Brasil!

O atual modelo de financiamento do Horas da Vida funciona por meio da elaboração e da execução de projetos específicos para a indústria e para o mercado. Gera-se conhecimento relevante na área de saúde e de ações assistenciais, como educação e atendimentos para populações em situação de vulnerabilidade, por meio de patrocínios e contratações de empresas privadas. Hoje, para uma ONG ser atendida pelo instituto, ela precisa se submeter a um processo seletivo, regulamentado por um edital. Ela precisa ter estatuto, ser auditada e ter um funcionário dedicado ao Horas da Vida, para fazer o meio de campo entre nós e os pacientes. Além disso, instauramos uma mensalidade – um valor considerando o porte das organizações e o número de assistidos – a ser paga pelas ONGs, para ajudar na manutenção do trabalho do instituto.

O Horas da Vida segue, por ora, na direção de um aperfeiçoamento de seus processos, a fim de ampliar a escala dos atendimentos e de seu autofinanciamento. Há pouco tempo, recebeu um convite para começar a pensar na exportação do modelo em parceria com uma universidade americana, o que seria mais um grande salto. Ainda nessa mesma linha, consegui defender minha dissertação de mestrado pela Unifesp, descrevendo a idealização do instituto. Assim, o modelo ficou disponibilizado para a literatura médica internacional.

Coroando todos esses esforços, o instituto recebeu várias premiações e o reconhecimento dos maiores veículos de mídia do país. Não poderia deixar de mencionar o importante fato de ter sido selecionado, em 2014, como *fellow* da Ashoka,[2] uma organização que fomenta o empreendedorismo social por meio do apoio vitalício aos seus membros. A Ashoka acredita que seus membros – os *fellows* – sejam agentes de transformação social com potencial para causar grande impacto positivo na sociedade. Em todo o mundo, são mais de 3.500 *fellows*, 383 no Brasil. Fundada na Índia por um americano em 1980, a Ashoka chegou ao Brasil em 1986 e hoje está presente em 36 países nos cinco continentes.

O processo de seleção foi bem interessante. Primeiramente, o candidato precisa ser indicado por dois *fellows*. Fui indicado por duas pessoas fantásticas: pela doutora Vera Cordeiro, médica fundadora da premiada ONG Saúde Criança, e pelo jornalista Gilberto Dimenstein, fundador do site Catraca Livre. O processo é bem longo. Questionários e entrevistas para conhecer o candidato desde a infância. Eles acreditam que o *fellow* seja um agente de transformação que pode atuar em várias frentes ao longo de sua vida.

A última etapa conta com uma entrevista com uma banca composta por membros de diferentes áreas e países. Após uma longa

2 Saiba mais em: http://www.ashoka.org.

conversa no período da manhã, o almoço foi recheado de histórias marcantes. Uma das entrevistadoras era uma sul-africana que me contou que teve o desafio de distribuir medicamentos para pacientes com HIV em áreas remotas da África, onde as estradas e demais meios de transporte eram muito precários. Para resolver esse problema, ela organizou um *rally* de motos, no qual cada corredor participante transportava *kits* de medicamentos e deveria passar por pontos específicos. Com essa ideia criativa e inteligente, ela ainda foi capaz de conseguir patrocinadores para o evento.

Outra história interessante é a de um espanhol que desenvolveu o MalariaSpot, um *game* infantil que funciona segundo o conceito de *crowdsourcing*[3] e por meio do qual crianças do mundo inteiro podem ajudar no diagnóstico da malária. O jogo mostra na tela do celular uma lâmina de microscópio com uma amostra de sangue, e, quando o jogador consegue identificar o parasita causador da malária, este aparece como um "monstrinho". O projeto ainda está em desenvolvimento, mas tem como objetivo, além da economia financeira, reduzir o tempo do exame para aproximadamente vinte minutos. A ideia é que, depois, uma validação confirme ou não o resultado positivo. Ideias fascinantes e bem executadas!

Bem, no fim desse processo, e após alguns dias de suspense, recebi a notícia de minha aprovação. Fiquei muito contente. Hoje, posso dizer que me sinto honrado em fazer parte dessa rede, e já recebi várias formas de apoio que muito contribuíram para meu desenvolvimento e meu trabalho. A Ashoka oferece aos seus *fellows* visibilidade e conexões que eles dificilmente teriam sem seu apoio. Com sua ajuda, fica mais fácil entrar em contato com iniciativas interessantes de outros países.

E como sonhar não custa nada, permanece o enorme desejo de replicar o modelo nas principiais regiões do país. Pois, como disse o médico Drauzio Varella: "Se cada um fizer um pouquinho, no conjunto a gente acaba atingindo muita gente".

3 *Crowdsourcing* é a terceirização de serviços por parte de uma empresa ou projeto para um grande grupo de pessoas, especialmente uma comunidade *on-line*, cuja contribuição é solicitada, por exemplo, para a execução de tarefas simples, mas volumosas. Exemplos de *crowdsourcing*, além do MalariaSpot (malariaspot.org), são a Wikipedia (wikipedia.org) e o Galaxy Zoo (www.zooniverse.org), um projeto de astronomia que conta com a colaboração de seus membros para classificar mais de 1 milhão de galáxias.

CAPÍTULO 9

~~UMA HOMENAGEM A FLORENCE NIGHTINGALE~~

Em meados de 2015, começou a se tornar rotina que pessoas que podiam pagar pelas consultas expressassem o desejo de serem atendidas pelos médicos do Horas da Vida. Era uma evidência da valorização e do reconhecimento do profissional que tem a atitude do trabalho voluntário. O pedido era claro, e as pessoas diziam que poderiam pagar pelos atendimentos. Mas se a demanda dos pacientes começou a surgir, do lado dos médicos algo parecido também começou a ocorrer. É impressionante como as forças do mercado começam a agir em busca de uma autorregulação. Era comum colegas médicos entrarem em contato comigo para perguntar como proceder, pois tinham recebido, por meio de uma indicação, um pedido de consulta particular de um paciente fora da plataforma do Horas da Vida. Minha resposta era "sim, o consultório é seu e você tem toda a autonomia para fazer a consulta"! O atendimento podia acontecer, desde que fosse realizado fora do sistema do instituto, cujo único modelo era o gratuito.

Mas, para falar sobre o surgimento da filóo, é preciso antes falar sobre saúde como modelo e paradigma. Os anos de empreendedorismo na saúde e a experiência acadêmica me trouxeram muitos aprendizados, muitas inquietações e um não conformismo crescente com os modelos atuais de assistência à saúde, tanto o público como o privado.

Comecemos pelo sistema público de saúde: sou um fã do modelo. O Sistema Único de Saúde (SUS) brasileiro é o único modelo do mundo com cobertura universal, que propõe a oferta de todos os serviços para toda a população. Como ponto de comparação ou referência, o SUS se assemelha ao National Health System (NHS), o bem-sucedido modelo inglês de atendimento à saúde. O SUS conta com programas de excelência, como o de imunização (vacinação), HIV, entre outros. Mas como disponibilizar tudo para todos, quando "todos" corresponde a uma população de mais de 200 milhões de habitantes? Infelizmente, questões orçamentárias que levam ao subfinanciamento e a problemas de gestão são realidades no SUS.

Outro ponto relevante é o baixo nível de conhecimento do sistema por parte da população em geral. As pessoas não sabem como utilizar os recursos, não reconhecem a porta de entrada correta e, às vezes, se confundem com a "sopa de letrinhas" – como UBS (Unidade Básica de Saúde), PS (pronto-socorro), UPA (Unidade de Pronto Atendimento), AMA (Assistência Médica Ambulatorial), AME (Ambulatório Médico de Especialidades), entre outras –, que dificulta o acesso. Como já mencionei alguns capítulos atrás, a grande maioria das pessoas acaba se dirigindo aos prontos-socorros, onde o imediatismo divide espaço com as verdadeiras urgências e emergências. Algumas pesquisas apontam que aproximadamente 80% dos pacientes que procuram uma unidade de urgência/emergência poderiam ser tratados em centros de menor complexidade com agendamento prévio.[1] Ainda, mas não menos relevante, há a falta de protagonismo dos pacientes num sistema que é paternalista e valoriza a doença, e não, a saúde.

Fico incomodado toda vez que ouço a frase "no postinho, a consulta é só para daqui a três meses...". Primeiramente, o diminutivo ("postinho") já deixa claro o menosprezo ou a falta de reconhecimento da principal porta de entrada do SUS, onde todos deveriam ter seu cadastro realizado e procurar pelos atendimentos e pela promoção de saúde, como as vacinas, por exemplo. Certamente existem unidades e unidades, nem todas têm as mesmas condições de funcionamento, e muitas delas sofrem com a falta de estrutura e de insumos. Às vezes, faltam profissionais. Mas, de forma geral, essas unidades estão preparadas para cuidar dos casos de baixa complexidade, que correspondem a 80% dos problemas de saúde, ou seja, das questões que podem ser atendidas por meio de consultas agendadas nas áreas básicas da medicina. É da Unidade Básica de Saúde que deveria sair um pedido de avaliação para uma especialidade médica ou um encaminhamento para cirurgia, para o tratamento de urgência/emergência, ou, ainda, um pedido de internação hospitalar.

Em relação à saúde privada, atualmente existem cerca de 48 milhões de pessoas cobertas por essa modalidade. O acesso a esse tipo de assistência suplementar é oferecido por meio de seguradoras e planos de saúde. Existem planos individuais (mais raros hoje em dia), planos corporativos e coletivos por adesão (aqueles que estão relacionados a entidades de classe, como OAB, CRM, etc.). Dada a limitada capacidade

1 Ver, por exemplo, Governo do Brasil, "Saiba o local certo para buscar atendimento médico", 11 set. 2014. Disponível em: http://www.brasil.gov.br/noticias/saude/2014/09/saiba-o-local-certo-para-buscar-atendimento-medico. Acesso em: 10 jun. 2019; Hospital das Clínicas da Faculdade de Medicina de Botucatu, "Entenda como funciona o atendimento no pronto socorro adulto de Botucatu", 29 set. 2016. Disponível em: http://www.hcfmb.unesp.br/8825-2/. Acesso em: 10 jun. 2019.

de atendimento do SUS, a saúde privada tem sido extremamente valorizada pelos brasileiros. Mas esse sistema também sofre com a má utilização, com o desperdício e, dependendo do prestador de serviço, com um atendimento de baixa qualidade.

> Ambos os sistemas sofrem porque funcionam com base em um modelo que remunera médicos, hospitais, serviços de diagnóstico, fornecedores de insumos pela doença, e não pela saúde, e que depende da superespecialização e da fragmentação da medicina. Assim, se o dinheiro é aplicado na doença, e se é a doença que dá dinheiro, não chega a espantar que o modelo não promova a saúde das pessoas, e sim a doença.

É revelador que a inflação na área médica chegue a ser três vezes maior que a inflação geral – ou seja, insumos médicos, remédios e planos de saúde aumentam três vezes mais que a inflação geral.

A falta de integração entre os sistemas privado e público, de uma forma mais consistente, também evidencia o desperdício, ou a falta de otimização, dos recursos e a consequente sobrecarga para a sociedade. Como se não bastassem todas essas questões, também é preciso acrescentar que o mercado de saúde ainda é pouco profissional, ou menos profissional do que outros mercados mais estruturados, como o mercado financeiro, por exemplo. Isso fica claro na regulação dos planos de saúde, que ainda não acompanhou toda a evolução dos tempos, pois lhe falta transparência, o que pode levar a grandes "pegadinhas". Escolher um plano não é simples, ao contrário, é difícil apurar qual seria a melhor opção considerando nossas demandas. O foco da saúde, que deveria ser o paciente, oscila entre um prestador de serviço e outro, entre um órgão do corpo e outro, mas nunca chega a considerar o ser humano em sua integralidade.

Assim, tratam-se doenças ou órgãos, e esquece-se da pessoa.

Seja por falta de tempo ou de interesse, os médicos não se conversam, não analisam a fundo todos os remédios que um paciente toma, não perguntam aos outros médicos se seria possível trocar alguma medicação e não evitam a solicitação repetida de exames.

Um exemplo: infelizmente, não é raro encontrar indicações de exames ou cirurgias desnecessários. A falta de infraestrutura e de investimento em educação continuada pode deixar despreparados os profissionais, que, por sua vez, fazem atendimentos rápidos e pedem exames com o objetivo de minimizar a possibilidade de erros. Além disso, promessas oportunistas e falta de transparência na cadeia de suprimentos médicos podem confundir até o consumidor mais preparado. Já parou para pensar em quanto pode custar um par de luvas dentro de um hospital e em uma farmácia? Ou na diferença de preço de uma medicação de "marca" *versus* o genérico? Pior: um mesmo paciente pode receber o mesmo tratamento duas vezes no mesmo dia, na mesma cidade, simplesmente porque não há integração entre as informações.

Uma questão adicional para o aumento dos gastos com a saúde é o processo de envelhecimento da população do país.

O idoso vai a múltiplos especialistas, faz muitos exames, mas nem por isso está bem atendido, apesar dos recursos gastos por ele, pelo Estado e/ou pela saúde privada.

Vamos a um exemplo prático, um paciente que vamos chamar aqui de senhor Roberto. Ele trabalhou na indústria automobilística a vida inteira e, no fim da carreira, gerenciava uma área com setenta pessoas. Ganhava uma boa aposentadoria, tinha filhos e netos. Mas, depois de se aposentar, sua rotina se tornou ir à lotérica, passear com o cachorro (que depois de algum tempo morreu), jogar dominó, visitar os filhos e netos e jogar *sudoku* on-line. Era uma pessoa saudável, porém, passou por uma grande mudança de vida.

Sete meses depois da aposentadoria, estava deprimido. Precisou de medicamentos, mas não foram os medicamentos que o mantiveram longe da depressão. No segundo mês de tratamento, o senhor Roberto resolveu trabalhar como voluntário em uma ONG. Não se adaptou. Em vez de desistir, decidiu tentar ser voluntário em hospitais. Entrou para as "senhoras de rosa", a Rede Feminina de Combate ao Câncer. A sensação de que suas atividades no hospital melhoravam o dia dos pacientes trouxe a ele uma sensação de realização.

Até chegou a receber propostas para voltar ao mercado de trabalho, mas decidiu continuar como voluntário. Hoje ele é voluntário no pronto-socorro, oncologia e hemodiálise de um grande hospital de São Paulo.

De fato, uma das questões mais importantes ligadas à saúde das pessoas idosas hoje é a depressão, que pode acometer em grande número os homens. Como as idosas de hoje, além de trabalhar fora, estão mais envolvidas com os cuidados da casa e da família, não passam pela experiência de, com a aposentadoria, se verem desocupadas, mesmo passando toda sua vida laboral longe de casa. Já os homens se aposentam relativamente jovens. Existe uma relação importante entre a inatividade e a depressão.

Trata-se de uma depressão diferente daquela dos pacientes mais jovens. Entre os mais jovens, existe descuido com a alimentação e com a higiene. Entre os idosos, isso é mais mascarado: perdem interesse na vida, sofrem alterações de sono e apetite, irritabilidade, falta de energia e experimentam uma sensação de inutilidade. Muitas vezes, esse quadro requer tratamento medicamentoso, pelo menos inicialmente, e depois psicoterapia. Outra abordagem é a reinserção no mercado de trabalho, até mesmo pela via do trabalho voluntário, como no caso do senhor Roberto. Hoje, o número de opções para esses idosos está crescendo, e algumas empresas já criaram programas para sua contratação. Além disso, trabalhos temporários autônomos, como Uber, são uma opção que dispensa vínculo empregatício e está ao alcance de praticamente qualquer um.

O fato é que, quanto mais velho você fica, mais perdas vai sofrendo. Ver pessoas queridas partindo também faz com que você se sinta impotente. Ajudar os outros, por outro lado, traz uma sensação de importância. Como me disse o senhor Roberto, "cada dia vivo uma história diferente". Ele não quis mais um cachorro, mas hoje tem um passarinho. *Sudoku*, só de fim de semana.

O que o caso do senhor Roberto nos mostra é que o ser humano é mais do que as partes isoladas do seu corpo. Tratá-lo integralmente significa olhar para o conjunto, considerando também sua saúde mental. A saúde não está nos medicamentos, nos exames e numa profusão de consultas médicas. Ela está na prevenção e no cuidado holístico, justamente para que se possa evitar os medicamentos, os exames e as consultas em excesso tanto quanto possível. Se tanto no setor público como no privado os recursos são escassos, se os gastos com saúde pesam no orçamento familiar, é preciso conseguir aplicar esses recursos com ponderação.

Para isso, é necessário repensar nosso paradigma de saúde. No Brasil, a saúde, no modelo vigente, ruma ao colapso. Vivemos em uma cultura que mede a qualidade do atendimento médico pelo número de exames feitos e pela quantidade de medicação receitada. Segundo uma grande seguradora de saúde, quase metade dos exames feitos nem chegam a ter seus resultados acessados ou buscados nos laboratórios pelos pacientes. Trata-se de um enorme gasto de recursos, dinheiro que poderia estar salvando vidas se fosse aplicado de forma mais criteriosa.

Também faz parte da nossa cultura o uso exagerado de medicamentos. Muitas vezes, quando o médico pergunta ao paciente que medicamentos ele toma, este deixa de fora vitaminas, suplementos, laxantes, calmantes e analgésicos, simplesmente porque não vê mais essas coisas como remédios.

Tive um paciente, uma vez, na casa dos 35 anos, que veio fazer um *check-up* comigo. Ele era uma pessoa muito saudável, fazia esportes regularmente e não tomava medicamentos. Chegou dizendo que queria fazer "todos os exames", como é bem comum nesse tipo de situação. Aí é que o médico precisa decidir se está tratando o paciente ou os exames. Existem exames ótimos, que potencialmente podem salvar a vida das pessoas – por exemplo, a colonoscopia, quando feita a partir dos 55 anos, permite a retirada de pólipos intestinais (quando presentes) que, ao longo dos anos, poderiam se transformar em câncer. Por outro lado, para combater o câncer de nada adianta fazer exames de marcadores tumorais, os quais, além de não ajudar na prevenção, ainda podem submeter os pacientes a grandes estresses emocionais por serem muito sujeitos a falsos positivos.

Enfim, expliquei para meu paciente que pediria que ele fizesse não "todos os exames", mas, sim, os exames necessários. Alguns dias depois, ele voltou com os resultados. Eis que um dos exames mais simples de todos, o de urina, mostrou uma perda de proteína incompatível com o histórico desse paciente. Se aquele resultado estivesse correto, ele poderia estar sofrendo de insuficiência renal. Repetimos o exame, e o resultado se confirmou. Fiz uma segunda entrevista com meu paciente, para me certificar de que não havia nenhuma variável que eu desconhecia. Foi só então que ele me contou que vinha tomando um suplemento alimentar para atividade física. Esses produtos, muitas vezes, não são regulamentados pela Anvisa e podem ter outras substâncias, como hormônios de crescimento. E isso poderia justificar a perda de proteína pela urina. É um caso que ilustra bem o fato de que muitas vezes as pessoas deixam de contar para o médico coisas que deveriam contar porque simplesmente não acham que elas importam. Ao mesmo tempo, acham que quanto mais exames fizerem, mais seguros estarão. Não é difícil imaginar a confusão que poderia ter acontecido se eu tivesse começado a tratá-lo por insuficiência renal.

O ponto positivo é que existem muitas oportunidades de melhorias, a começar por uma mudança de concepção que deveria priorizar a saúde, e não, a doença. É preciso adotar um modelo que remunere o êxito em saúde, o que poderia trazer economia, otimização do sistema e, o principal, cultura da prevenção, para que as pessoas possam viver mais e ter qualidade de vida ao longo do tempo. Esta é a principal questão: a cultura precisa mudar.

Foi tomando como base esse cenário, e somando a ele minhas experiências como profissional, minhas empreitadas na área de saúde e o modelo de sucesso que a ONG Horas da Vida alcançou ao estruturar uma plataforma de voluntariado, que chegamos à filóo, em 2018.

O nome "filóo" tem origem na inspiração que é o trabalho da enfermeira britânica Florence Nightingale (1820-1910), famosa por ter sido pioneira no tratamento de feridos de guerra durante a Guerra da Crimeia. Ela foi a principal teórica da enfermagem do século XIX, uma profissão então emergente, era *expert* em arquitetura hospitalar, pioneira nos cuidados médicos baseados em evidência e em análise estatística – entre outras coisas. Embora seja mais lembrada por sua atuação com os feridos de guerra, a mais efetiva e duradoura das reformas na saúde oriundas das ideias de Nightingale surgiu de sua indignação com a falta de preocupação da sociedade com alguns de seus membros. Foi ela que estabeleceu as fundações do NHS moderno e colocou no centro do debate o princípio do cuidado humano para aqueles que não podiam pagar. A importância que ela dava à prevenção, e não só à cura, dialoga com a mudança de paradigma na qual acredito: a adoção de uma medicina focada na promoção da saúde, e não, na doença. Nightingale considerava a saúde em suas dimensões coletiva e individual: acreditava na suprema importância da ação coletiva e na necessidade de educar as pessoas quanto ao fato de que a saúde de um indivíduo é de responsabilidade pessoal.

Em uma de suas últimas declarações públicas, Nightingale escreveu: "O que é o cuidado com a saúde senão o cultivo da saúde? O que é saúde? Saúde é não só estar bem, mas também usar bem todas as capacidades que temos". É sua defesa da educação em saúde para toda a população que nós ecoamos ao defender a promoção da literacia em saúde, a ênfase na atenção primária e na prevenção. Nightingale foi a maior das defensoras do simples ato de lavar as mãos nas alas hospitalares como estratégia para o combate ao alastramento de infecções.

O ponto central da filóo é o cuidado do paciente em toda a sua jornada. A causa: mudar para melhor a saúde no Brasil. Acredito que isso será possível se cada um fizer a sua parte: a atenção dos profissionais da saúde precisa se voltar para a prevenção e, ao mesmo tempo, é preciso promover a educação em saúde. As melhores estratégias não precisam ser necessariamente complexas. Elas podem ser tão simples como lavar bem as mãos.

Como mencionei no começo deste capítulo, a idealização da filóo teve início em 2015. O primeiro passo foi entender que a empresa estava nascendo da demanda de pacientes e profissionais de saúde. Para organizar tudo isso de maneira profissional, foi realizada uma consultoria para a formatação do modelo e do plano de negócios. Após a identificação de algumas empresas, a vencedora foi a do Celso, que poucos meses adiante se tornou o primeiro validador da ideia ao trocar seus honorários por uma participação na companhia.

Por meio de uma plataforma tecnológica que conta com aplicativos para pacientes e médicos, a empresa possui interface on-line para conectar também farmácias e laboratórios. O apoio aos pacientes ocorre de forma integral com a rede de consultoras de saúde, as "filóos", que se comunicam com os pacientes por uma plataforma multicanal. A comunicação pode ocorrer pelo WhatsApp, pelo e-mail, passar por uma central telefônica e até envolver algumas ações presenciais. Tudo isso acontece com a utilização de um cartão virtual pré-pago que facilita o controle de todas as transações financeiras. A filóo utiliza ainda o conceito de economia compartilhada, segundo o qual os espaços já existentes podem ser utilizados de maneira otimizada e inteligente, gerando ganhos para todos os elos da cadeia. Um bom exemplo é um laboratório que oferece um exame a um valor mais acessível fora do horário de pico, ou um médico que disponibiliza sua agenda oferecendo horários menos procurados.

É uma forma inovadora de atender aos 80% dos problemas de saúde mais comuns, de estimular o protagonismo dos pacientes para a gestão de sua própria saúde, incluindo no mercado da saúde pessoas que poderiam ter um atendimento particular a um valor mais acessível. Também é uma maneira de oferecer aos empresários mais uma opção de conhecimento, controle e cuidados em saúde para os seus colaboradores. Não se trata de um plano de saúde, e sim de um novo conceito: uma ferramenta capaz de contribuir para a economia do sistema como um todo, garantindo uma melhor alocação de recursos.

Mas, acima de tudo, trata-se de uma convocação para uma causa, que depende mais de atitudes do que de dinheiro.

EPÍLOGO

Este pode ser o último capítulo do livro, mas, como já disse, minha obra não está acabada. Eu ainda não sei qual é a minha obra na sua totalidade. Mas já tenho algumas pistas.

Na verdade, eu nunca imaginei que chegaria até aqui. Tenho muito a agradecer, sou um felizardo. Tive a sorte e a felicidade de ter tido uma boa formação e de ter recebido muito amor e atenção durante a vida, algo que considero importantíssimo para todas as pessoas. O ser humano é um ser social. Boa parte da epidemia de depressão e ansiedade que o mundo experimenta hoje tem a ver com laços pessoais fracos ou pouco satisfatórios, com as relações superficiais. Acredito que somos responsáveis, como sociedade, por fazer o possível por quem não teve a mesma sorte que nós.

O ponto central na minha vida foi ter tido coragem de buscar descobrir qual era a minha verdade interna. O que me move, o que faz meus olhos brilharem. Como dizia o professor Wilson Jacob Filho, "não tem gente ruim, tem gente no lugar errado". Cada um de nós possui uma competência, uma habilidade. E todos nós sonhamos. Se todos nós fôssemos atrás dos nossos sonhos, se todos nós buscássemos aquilo que faz nossos olhos brilharem, teríamos no mínimo uma sociedade mais feliz. E provavelmente mais eficiente, porque sempre fazemos melhor aquilo que amamos.

Na maioria das vezes, temos de passar por vários "pedágios" até podermos viver do trabalho no qual acreditamos e do qual gostamos de fazer. Está tudo bem, eles fazem parte de qualquer trajetória. O que não podemos fazer é armar uma barraquinha no posto de pedágio e nos contentarmos em morar lá mesmo.

Outras vezes, pode ser que nossa causa não seja tão evidente logo de saída. Mas uma hora ela vai aparecer. Na verdade, acho que precisamos percebê-la, pois ela está em nossos atos, em nossas crenças e naquilo que faz nossa energia se renovar diariamente, quase que num passe de mágica, mesmo diante de muitas adversidades. Em Ribeirão, quando parecia que eu estava de folga, fora do cursinho, eu estava ocupado deixando aflorar em mim uma verdade que não poderia vir de nenhum outro lugar, exceto de dentro de mim mesmo. Num mundo tão conturbado, tão obcecado por palavras de ordem como "eficiência", exercitar a escuta interna requer muita determinação.

Pessoalmente, não acredito que o dinheiro seja uma causa válida. É importante não confundir o meio com a causa. O dinheiro é a consequência ou o reconhecimento por um trabalho bem-feito, é um meio que nos permite viver, mas não deve funcionar como a causa de uma pessoa. Como vivemos num país assolado por uma grande disparidade social, em que abundam situações de miséria, desespero, pode parecer que o dinheiro é a solução para tudo, o grande objetivo da vida. Não é. Embora segurança financeira seja importante, uma vida perfeita do ponto de vista material pode ser extremamente vazia. É possível, sim, ser rico e pobre ao mesmo tempo.

Sair de casa cedo, ou seja, viver sem meus pais no dia a dia logo aos 14 anos, não foi uma experiência tão boa do ponto de vista sentimental, embora tenha sido necessária à época. A independência e as responsabilidades conquistadas mais cedo, por outro lado, me ajudaram a passar por algumas etapas da vida de forma mais estruturada, com mais estabilidade e segurança. Da minha infância na cidade pequena, porém, levei comigo a ideia de que todos devem ser assistidos. Se têm fome, devem receber comida. Se não têm casa, devem ser abrigados. Se estão doentes, devem receber cuidados médicos. Solidariedade foi a grande lição que aprendi na infância. Ir para uma cidade grande e ver pessoas morando na rua foi um choque.

Sou um felizardo por muitos motivos. Um deles são minhas amizades: os amigos de infância, os amigos da vida, os amigos do passado e os amigos que virão... Os amigos que fiz na faculdade, após seis longos (e ao mesmo tempo breves) anos de intensa convivência, me acompanham até hoje e estiveram comigo nas etapas mais importantes da minha vida.

Sonharam comigo, perderam e ganharam comigo, ouviram desabafos, me deram conselhos.

Além dos amigos, foi também na faculdade que obtive minha formação profissional, a qual me deu meios para pensar a realidade da saúde no país e encarar os problemas que eu enxergava na nossa sociedade – tanto a falta completa de assistência médica como a falta de um cuidado integral, que tratasse o paciente como mais do que a soma de vários órgãos. Para conseguir fazer frente aos desafios que escolhi, nunca deixei de aprimorar meus conhecimentos profissionais.

E, apesar de sonhar em empreender por muito tempo, o empurrãozinho final foi minha família. Eu não queria terceirizar aquilo que só eu mesmo poderia fazer bem-feito, e isso foi crucial para que eu empreendesse. Minha esposa e meus filhos me apoiam e me fortalecem a cada dia. São parceiros de verdade!

Muita gente só aprende o valor que têm as relações humanas quando as perde. Sofrimentos e perdas inesperadas podem surgir, e certamente não saímos ilesos delas. Saímos modificados. Algumas vezes mais fortes, outras em busca de um caminho de recuperação e de reorganização. A resiliência e a fé me ajudaram bastante nesse aspecto.

Na vida é inevitável sofrer, mas mesmo para sofrer precisamos de disposição. O episódio do enterro do meu pai me ensinou que é preciso viver intensamente a dor. Com ela, aprendi a ser uma pessoa mais compassiva, a enxergar e validar a dor do outro. A não invisibilizar o que me incomoda, a não esconder a sujeira debaixo do tapete, por assim dizer. Escolher sermos protagonistas das nossas próprias vidas e atitudes quase nunca é fácil, mas é condição *sine qua non* para que se expresse aquilo que nos define como seres humanos: nossa amorosidade.

Foi vivendo na pele a dor de ter um pai (e depois uma mãe) doente que aprendi a importância da regra de ouro:

Não faça para ninguém aquilo que não gostaria que fizessem com você – e nem com sua família e amigos.

E o contrário também: aquilo que foi bom para você num momento de vulnerabilidade e dor provavelmente ajudará também outras famílias que passarem por situações semelhantes.

E se tudo isso parece pesado demais, é bom lembrar que quando Pandora abriu a caixa e deixou escapar todos os males – a ganância, o ódio, a dor, a fome, a pobreza, a guerra, a morte, a doença e a inveja –, dessa mesma caixa saiu a esperança, que, ao sair, tocou todas as feridas causadas por esses males e as curou. Nós nunca podemos deixar de acreditar na força de nossa vontade, de nossas ações, de nosso impacto no mundo. Todos os dias, tiro forças daquilo que faz sentido para mim. Ao longo do percurso, busquei ouvir a voz do desconforto. Se não estava bom, era hora de fazer diferente. Sempre busco gerar um impacto positivo em quem está à minha volta, tanto nos relacionamentos pessoais como profissionais. Seja gerando empregos ou sorrisos, o objetivo é sempre doar o que tenho de melhor. Quem pode doar dinheiro, bens, trabalho voluntário, ótimo. Quem puder doar um sorriso, um abraço, uma palavra carinhosa, ótimo também! "Só" isso já faz muita diferença.

Não que eu tenha vivido uma longa vida ou coisas muito fora do comum. É que, olhando para trás, às vezes parece que minha fé em que as coisas dariam certo me impedia de ter sentimentos negativos. Nada mais longe da realidade: é lógico que tive vontade de jogar a toalha em alguns momentos. Quem nunca? Parece fácil quando paramos para olhar e entender nossas histórias de trás para a frente. Mas, se você olhar melhor, vai perceber como a vida é sinuosa. Como não controlamos quase nada e, ao mesmo tempo – paradoxalmente –, como nossas escolhas são importantes. Erradas ou certas, foram as nossas escolhas, e a capacidade de acolher a ambas é o que nos torna quem somos.

Se eu puder dizer algo que aprendi e que creio que pode colaborar com a sua saúde, já que de saúde se trata, eu diria o seguinte: é só olhando para trás que você, leitor, vai entender que só temos duas opções, viver a nossa vida, escolhendo ativamente, ou deixar a vida nos levar. Então, seja o protagonista da sua vida. A oportunidade é única. E lembre-se de que a beleza está na simplicidade das coisas. No perdão, no carinho, no sorriso, no abraço, na escuta (ah, tão valiosa e esquecida hoje em dia! Essa é uma grande lição que a geriatria me ensinou). E também no entendimento, no respeito às diferenças, na finitude do tempo e, principalmente, na valorização das pessoas.

E é sempre bom lembrar que só não erra quem nunca tenta. Nessa nossa cultura tão focada no sucesso, errar é quase um pecado mortal. Pois bem. Se você, leitor, acompanhou minha trajetória, você certamente viu a quantidade de erros que cometi. Várias vezes precisei voltar para a prancheta e reavaliar – não só o mundo lá fora, mas também minhas próprias intenções e desejos. Se a resiliência é como uma mola que nos impele a continuar, os erros também são. Eles nos ajudam a planejar os próximos passos. Não há outra maneira de seguir adiante. Pode ser cansativo e desestimulante, às vezes. Nesse caso, tire um dia de folga, descanse, durma, ame intensamente quem ama você. Ouça música. No dia seguinte, se levante. Se perder, volte ao jogo. A única maneira de ser derrotado é desistir.

Planejar é importante? É, sim. Quem seria louco o bastante para dizer que não? Afinal, não adianta muito correr atrás de um grande sonho e no final do dia não ter dinheiro para o aluguel. Mas é preciso achar um equilíbrio entre a segurança e a ousadia. Fazer é mais importante ainda do que planejar. Como John Lennon disse uma vez, "a vida é o que acontece enquanto você está ocupado fazendo outros planos". Por isso, uma vez ou outra, tire cinco minutos para avaliar se está vivendo sua vida com intensidade ou se está deixando a parte importante da vida – as coisas que fazem seus olhos brilharem – para depois. E então pare de deixar para depois.

E se meus tropeços (e alguns acertos) puderem contribuir de alguma forma para a sua trajetória, caro leitor, meu objetivo com este livro já terá sido cumprido.

SOBRE O AUTOR

João Paulo Nogueira Ribeiro

É médico e empreendedor na área da saúde. Nascido em Campos Gerais, uma pequena cidade mineira, sempre foi uma criança curiosa, dotada de uma grande energia "fazedora". Influenciado pelos pais e pela família, realizava visitas a asilos e instituições beneficentes, onde aprendeu o poder do afeto e da solidariedade. De uma tia também herdou o amor e o interesse pela medicina.

Logo que saiu do ensino médio, prestou vestibular para medicina, mas foi reprovado. Um ano depois, entrou na Faculdade de Medicina de Itajubá (FMIt), Minas Gerais. É formado em clínica médica e geriatria, especialidade que escolheu por sua afinidade com os pacientes idosos, cuja bagagem de vida significa que sempre têm uma história boa para contar. Possui mestrado pela Unifesp e é *fellow* da Ashoka. Cuidar do ser humano sempre foi o grande objetivo de João, que acredita que ter saúde vai muito além de um corpo saudável.

Uma grande inquietude o levou a empreender na saúde, primeiro formando e gerenciando equipes médicas e depois explorando as possibilidades da intersecção entre tecnologia e saúde. Num mundo que se digitalizava, o objetivo de João Paulo era usar a tecnologia para que o ofício do médico ganhasse escala. Nascia o site ConsultaClick, que, além de publicar textos sobre saúde, visava facilitar para o paciente o processo de buscar um médico, informar-se sobre ele e marcar uma consulta.

Mas a vontade de contribuir para um mundo melhor e mais justo era grande – afinal, João é pai de dois meninos – e o levou ao empreendedorismo social. Criou o Instituto Horas da Vida, uma plataforma digital por meio da qual médicos oferecem consultas gratuitas para pacientes que, de outra maneira, não poderiam pagar por elas.

E se parece que João já fez coisas demais na vida, alguns podem se surpreender ao saber que ele ainda é relativamente jovem. Como ele mesmo diz, seu caminho ainda está aberto. E como a vida é cheia de acidentes geográficos, nunca se sabe qual será o próximo empreendimento. Mas uma coisa é certa: a prioridade de João sempre será o desenvolvimento de uma prática médica permeada pelo afeto e voltada para o ser humano em sua integralidade.